关系的重建

水青衣 范远舟◎著

天津出版传媒集团

天津科学技术出版社

图书在版编目（CIP）数据

关系的重建 / 水青衣，范远舟著. -- 天津 : 天津科学技术出版社, 2024. 9. -- ISBN 978-7-5742-2468-1

Ⅰ．C912.11

中国国家版本馆 CIP 数据核字第 2024W5F999 号

关系的重建

GUANXI DE CHONGJIAN

责任编辑：马妍吉

出　　版：	天津出版传媒集团
	天津科学技术出版社

地　　址：天津市西康路 35 号

邮政编码：300051

电　　话：（022）23332695

网　　址：www.tjkjcbs.com.cn

发　　行：新华书店经销

印　　刷：河北鹏润印刷有限公司

开本 880×1230　1/32　印张 7　字数 120 000

2024 年 9 月第 1 版第 1 次印刷

定价：45.00 元

「前言」

在电视剧《二十不惑2》中，有一个片段是女主角梁爽与赵优秀分手。一对璧人离别，赚足了观众眼泪：他俩从青涩的大学时光到步入职场，是众人艳羡的佳偶。然而，随着时间推移，两人之间的裂痕逐渐显现。梁爽醉心事业、锐意进取，赵优秀却是闲适的慢性子，他乐于享受生活的点滴。赵优秀热爱摄影与旅行，期待着梁爽能陪他共度浪漫时光，而她却埋首于直播事业，无暇顾及。为了支持女友，赵优秀数次放弃重要的工作，默默承担起后方支援的角色……在现实的舞台上，两个人虽然在行为模式、生活习惯上已极不合适，但多年的感情让他们始终在彼此迁就。

年复一年，两个人始终在"一方妥协、一方未觉"的模式中度过，观念的鸿沟一直没能填平。当谈及未来的婚姻生活时，赵优秀梦想着南极的浪漫之旅，而梁爽却憧憬着温馨的家庭和孩子的教育。他们的规划南辕北辙，始终无法同频。

分手之际，赵优秀用"乌龟和兔子"的比喻来形容彼此关系。他自比为不愿奔跑的乌龟，而梁爽是力争上游的兔子；乌龟满足于安逸的现状，而兔子渴望更高的舞台。这话一出，梁爽也彻底明白了他的想法，两颗曾经相爱的心分崩离析，最后遗憾收场。

我曾经在某社交平台上看过一个故事，是一位网友倾诉其在婚姻中的迷茫与挣扎。她说，自己和丈夫结婚十多年，工作稳定、儿女乖巧。生活看似平静且幸福，但实际上已经失去了内在的平衡。她总是无私地承担着所有家务和子女的教育责任，而丈夫对这些琐事一无所知，仿佛生活在另一个世界。每天，她都忙于家务和照料孩子，丈夫却视而不见。他从来没有意识到，这样的生活方式对妻子来说是一种沉重的负担。

这位网友与丈夫深谈，希望通过交流能让他理解自己。但是，事违人愿，由于没有亲身经历过，丈夫根本无法真正理解她的辛苦和不易。在他的眼中，做饭、打扫等家务都是简单的事情，陪伴和教育孩子也并没有多么耗时耗力。

在这种长期的不平衡状态下，两个人的认知与观念差距逐渐拉大。她开始对丈夫的无知和不负责任感到失望和愤怒，而丈夫则对她每日的抱怨和责备感到厌烦和不满。两个人时常会互相指责和攻击，刚开始还避着孩子，再后来，就直接在孩子面前大吵起来，婚姻关系迅速恶化。最后，两人都带着对对方的厌恶与嫌弃，离了婚。

这个故事的评论区，有大量感同身受的留言，都是倾诉自己在亲密关系中的困境与难熬，以及对方的不理解、不作为。

无论在影视剧，还是在现实生活中，每个人也许都不可避免地会陷入情感的困惑、关系的泥沼，在与爱人的相处中，我们难免会遇到各种各样的问题，以致手足无措和迷茫无助。而在这一过程中，最令人痛心与惋惜的，并非关系的终结，而是因自己的无知错失了原本可以拥有的幸福。

比如，一方强烈的猜忌心，导致对面那个深爱的人远去，一段本可继续的美好缘分就此中断。

比如，你渐渐习惯了爱人的温暖付出，变得视而不见；或是时常与别人做比较，然后觉得自己不够幸福，但当幸福离去后，你才领悟婚姻的珍贵。

比如，因为你沟通的疏漏和自身的沉默，使得原本的小矛盾加深成大问题，导致你们的关系日渐紧张。

……

如果你有以上的困惑，那么，这本《关系的重建》便是为你量身打造的。

自你翻开本书的这一刻起，你便不再孤单。我们将陪伴着你，与你共同面对并战胜亲密关系中的困扰与挫败。

亲爱的你一定知道，通往幸福的道路没有捷径。与写作、摄影等依赖实践经验的知识和技能一样，"爱的学问"需要习得，也值得深入探究。掌握了"爱的学问"，不仅有助于我们少走通往幸福的弯路，而且可以减少痛苦与遗憾，引领我们更加顺利地迈向幸福的彼岸。

因此，衷心期盼每位翻开此书的朋友都能满载而归。书中我们将从以下三个方面，与你探讨和共享。

1. 向内体察，获得心理的调适

在亲密关系的困境中，我们亟须掌握心理学知识以应对由此产生的心理问题。但是，仅有知识是不足够的，还需将其融入生活实践。所以，本书便提供了这样一个平台，它以心理学为基础，深度剖析了现实生活中的情感实例。每一篇都深入挖掘了亲密关系的内在本质，帮助你洞悉自己与他人的真实互动模式。

当你沉浸于书中的智慧，答案自会浮现，随之而来的将是内心的宁静与幸福。

寻求心理医生的帮助确实是解决心理问题的可靠途径。然而，与其将心灵的疗愈完全寄托于外界，不如学会成为自己的"心灵疗愈师"。这就像我们在水中游玩时，需自备救生圈以防万一，而不是完全依赖救生员。如书中提到的"煤气灯效应"，这一心理学概念正好可以帮助你避免被喜欢的人精神控制（PUA），避免让你陷进一段自我怀疑、令人窒息的关系里。

2. 深入共情，重塑亲密关系的思维

在人生的旅途中，每个人都会经历不同的阶段，而在每个阶段中人们都可能会出现迷茫、无助和困惑的时刻。阅读本书，你将学会如何洞察人心，如何解读那些隐藏在表面之下的情感与动机。你能在字里行间找到共鸣，理解那些曾经让自己困扰的情感纠葛。而更重要的是，你将获得一个全新的、深入理解人性的视角。

这个视角将会带你重新审视过去的经历，重新认识那些与我们曾有过亲密交集的人。到最后，你会发现，其实在情感世界中摸索的并非只有你一个人，有许多人也曾有过相似的体验。这种共情的力量将帮助你释放过去的积郁，治愈心灵的创伤。

3. 寻求突破，持续获得生命智慧

在重建亲密关系的道路上，没有人可以代替我们前行，但是在这个充满挑战与机遇的旅程中，我们可以以书为师，借助知识的力量为自己的人生增添智慧的加持。

美国著名心理学家大卫·霍金斯（David R. Hawkins）曾经指出，每个人都有着不同的"心理能量层级"。此能量层级并非固定不变，它可以通过自我认知的精进而不断提升，我们要做的，就是不断寻求成长与突破，持续提升能量层级。也就是，我们需要用心去体会生活的点滴，去感悟人生的起起伏伏。如此，方能更好地应对生活里的挑战，与他人建立和谐亲密的关系。

最后,如果本书对你有用,我想请你把本书推荐给你最重要的人。这是我的老师水青衣及她的"一跃而起"团队策划打造的第 7 本书,也是我继《冲上顶峰》之后撰写的第 2 本书。如果你在阅读的过程中有任何困惑,欢迎扫码添加微信,和我们一起探讨。

另外,我们将赠送你一份礼物:《不失自我,又能与任何人都谈得来的 30 个人性沟通秘籍》电子资料。很多人拿到并使用这份"秘籍"后,人际关系有了显著改善,稳稳当当地拥有了心安的力量,增添了生活幸福感。

如果本书能对你也有所帮助,那是我们的幸运。谢谢你选择本书,祝好。

范远舟
2024 年 1 月

目 录
CONTENTS

第一章
好好爱自己，才能更好地双向奔赴 >>> 001

1.1 振奋效应 最美的爱情，是两个人共同精进 >>> 003

1.2 互补定律 相似的人适合玩闹，互补的人一起终老 >>> 012

1.3 霍桑效应 婚姻中最舒服的相处模式是看见彼此 >>> 021

1.4 确认偏见 没有三观一致的爱人，只有求同存异的伴侣 >>> 029

1.5 晕轮效应 真正的亲密，是抛开偏见包容彼此 >>> 039

1.6 情绪依存效应 懂得吵架的夫妻，从不翻旧账 >>> 049

第二章
怎么舒服怎么来，和睦相处可治愈一生疾苦 >>> 061

2.1 刺猬效应　融洽的感情，要保持适度的距离 >>> 063

2.2 情感账户　存款不停，爱情的保鲜期不止 >>> 071

2.3 自我延伸模型　婚姻走到最后，靠的是克服厌倦感 >>> 081

2.4 富兰克林效应　学会给平淡的婚姻制造一点小麻烦 >>> 090

2.5 罗森塔尔效应　高级的期待，是发自真心去夸对方 >>> 099

2.6 透明度错觉　婚姻中真正的心有灵犀是有话直说 >>> 110

第三章
真正的成长，是优于昨天的你 >>> 119

3.1 逆向亲密效应　舒服的关系，贵在争执不留痕 >>> 121

3.2 猜疑效应　为何你总是猜来猜去？别让疑心毁掉婚姻 >>> 131

3.3 踢猫效应　懂得提供情绪价值，关系更圆满 >>> 141

3.4 习得性无助　无法选择出身，但你可以选择自己的人生 >>> 150

3.5 冒充者综合征　无条件爱己，是生活最好的解药 >>> 158

第四章
人生看淡便是晴天，坦然接纳每种模样 >>> **167**

4.1 损失厌恶 及时止损，才是成年人的高配 >>> 169

4.2 吊桥效应 永远不要在感情最浓烈的时候做决定 >>> 177

4.3 麦穗效应 没有完人，但有完美契合的爱人 >>> 185

4.4 比较水平 久处不厌的秘密是不比较不计较 >>> 194

4.5 煤气灯效应 千万要远离在感情中精神控制你的人 >>> 202

第一章

好好爱自己，才能更好地双向奔赴

关 系 的 重 建

1.1 振奋效应
最美的爱情，是两个人共同精进

著名作家林淑华是上海的一个富家千金，她的书《生死恋》被誉为现代版《浮生六记》。这样一位海派才女、富家大小姐的婚姻，在当时为人们所不解。她的丈夫徐惠民出身贫寒，还做过她的家庭教师。徐惠民为了在上海出人头地，选择就读圣约翰大学，学习医科专业，一路走来分外艰辛。林淑华为了爱情苦等八年，才换得相守。在艰难的日子里，他们相互扶持、相互鼓励，共同面对生活的挑战。

虽然林徐两人的家庭背景、社会阶层存在着显著差异，但他们的亲密关系是夫妻共同进步的典范。

心理学上的"**振奋效应**"指的是：在面临压力和困难时，人们能够通过积极的心态和行动，激发自己的斗志和动力，从而克服困难并达成目标的现象。**我们将之应用到亲密关系中，就能看到，它恰如其分地诠释了林徐婚姻这一类亲密关系：当一个人感受到深刻的爱意时，他会被激励去追求更高的个人目标和道德标准。**

林淑华与徐惠民的故事，正是此效应的生动体现。他俩的关系向我们展示了，选择一个能够相互激励、共同成长的伴侣的重要性。这样的伴侣，不仅能够激发你对生活的热爱，还能鼓励彼此尽情追求个人梦想和目标。

把"振奋效应"应用到亲密关系中，具体应该怎么做？我们想给你以下3个建议。

1. 情感净化：果断远离消耗你的人

关于伴侣的抉择，张爱玲的见解尤为深刻：若伴侣选择不当，随之而来的将是一连串的错误。这句话便凸显了情感关系中选择合适伴侣的重要性。一个恰当的选择能够为你带来欢乐与满足，而一个不适宜的选择则可能引发连续的矛盾与不快。

这个时候，不妨采用"情感净化"策略，即通过远离消极影响来净化情感环境，促进个人成长。以加林和珍珍的故事为例，加林在大学期间逐渐对异地的女朋友珍珍产生了不满，但他并未坦诚地表达自己的感受，而是无休止的挑剔和言语贬低，珍珍因此感到自我价值丧失。

当一个人在一段关系中感到自己的情感与精力被持续耗损，而得不到相应的支持与回应时，这段关系便难以持续。加林的一系列行为不仅损害了珍珍的自尊心，也破坏了他们之间原本和谐的关系。

同样的情况也出现在文爽和阿峰的关系中。文爽是电视台主持人，因工作繁忙，经常忽视与阿峰的约定，甚至在重要的纪念日也未能给予对方应有的关注和陪伴。阿峰感觉到自己不被重视，多次与文爽沟通未果，两人的生活越来越不同步，最终导致分手。

心理学研究表明：评价一段关系是否有益，关键在于它是否促进了个体的成长，是否增强了个体对自我和生活的热爱。**如果一段关系给你带来的是消极情绪，如颓废、纠结和绝望，跟对方在一起，你得到的都是自我磨损，那么结束这段关系可能是一个更明智的选择。**

通过"振奋效应"我们可以知道：在亲密关系中，积极的伴侣关系应更能激发我们的潜能，鼓励我们追求更高的目标，而不是成为消耗我们情感和精力的负担。所以，选择相互激励、共同成长的伴侣，对建立一段健康积极的恋爱关系至关重要。

2. 赋能推进：去爱让你变得越来越优秀的人

在《自由学习》一书中，著名的心理学家卡尔·罗杰斯（Carl Rogers）将"来访者中心"的心理咨询理念应用于教育实践，他谈到了支持性环境的重要性：个体在成长过程中，一个支持性的环境是至关重要的。这同样适用于恋爱关系，"遇见什么样的人，你就会变成什么样的人"。一个总是负能量满满的伴侣极大可能会引起你的焦虑和不满，而一个阳光正面的伴侣则能够激发你内在的潜力，赋予你力量去追求卓越。

钱禄因为研究遇到瓶颈而陷入抑郁状态，请了长假后，终日蜷缩在家里，不肯见人。他的女友妙妙借着自己的生日，安排了一场外出。她将他失败的研究资料带到海边，并在他面前点燃，她告诉他："放下过去吧，面向广阔的大海，我陪你一起奔向未来。"钱禄看到妙妙的这一行为，很感动。那天，他们在海边玩了一整天，钱禄又重拾了久违的笑容。

妙妙的这个行为，不仅帮助男友释放了压力，也推动着一种心理上的"断舍离"。

两个月后，钱禄收到了师兄的邮件，告知他：研究取得了积极成果，并邀请他前往深圳工作。面对这一机遇，因为不愿与妙妙分离，他犹豫不决。妙妙却鼓励他重新审视自己的梦想："上天赋予你非凡的才华，你不该就此浪费。"看出男友的担忧，妙妙更是坚定地表示："虽然我也非常不想跟你分离，但我更不愿看到你不快乐。去追寻你的梦想吧，我会在这里等你归来。"

在一段积极的感情中，爱的力量能够促使我们更加热爱生活、拥抱世界，并努力成为更优秀的自己。正如罗杰斯所强调的，一个充满爱和接纳的伴侣可以成为个体成长的催化剂。

真正爱你的人，从来不会是你的绊脚石，他们只会想尽办法支持你的成长和发展，激发你的潜能。**在那个希望你越来越优秀的爱人的陪伴下，你一定能感受到生活的美好和前进的动力。**

若能拥有这样的伴侣，我们要好好珍惜。

3. 共生成长：*最好的爱情是双方共同进步*

心理学家亚伯拉罕·马斯洛（Abraham Maslow）在其需求层次理论中提到，个体的自我实现是最高的需求层次。在爱情和婚姻中，这一理论同样适用。有一种流行的说法亦强调了这一点："爱情和婚姻不仅仅是享受当下的美好，双方也应该共同成长。"

共同成长的理念，是维系长久关系的关键。

在爱情中，双方互相陪伴、互相依靠，同时互相激励、共同成长，是爱情最深刻的意义。双方势均力敌，更能保持爱情的平衡和谐。

2020年，一段关于张定宇为妻子程琳写下120多封情书的视频感动了无数人，这些情书见证了他们的爱情故事。

1997年，医生张定宇怀揣着对世界的好奇和渴望，报名参加了援外医疗队。面对丈夫的这一决定，了解到丈夫的志向和努力，程琳坚定地表示支持。在随后的两年间,尽管远隔重洋,他们依然通过书信保持着密切的联系。每一封书信都充满了深情。

2008年,汶川地震后,张定宇更是毫不犹豫地投身救援工作,程琳也一如既往地支持他的决定。即使张定宇被诊断出患有肌萎缩侧索硬化(渐冻症)后,程琳也没有阻止他投身于医疗工作。她说,她明白张定宇总有一天会离她而去,但即便如此,自己也从来不会阻止他承担更多的工作,因为她爱他,了解他为医助人的理念。

他们的爱情在逆境中更显坚贞。

正如舒婷在《致橡树》中所写的:"我必须是你近旁的一株木棉,作为树的形象和你站在一起。"这不仅是一种独立与平等的表达,也是爱情中双方共同进步的美好姿态。

爱情最好的模样,莫过于和相爱的人一起进步,朝着相同的目标,并肩前行,把日子经营得越来越好。

在一段健康的婚姻关系中,通过"情感净化""赋能推进""共生成长",我们每一个人都能与对方相互依靠又相伴成长,最后成为更好的自己。这也正是"振奋效应"的核心理念:爱情最好的模样,莫过于与相爱的人朝着共同的目标携手前行,克服困难,创造更美好的未来。

1.2 互补定律

相似的人适合玩闹，互补的人一起终老

李尚是大学老师，妻子比他大七岁。他们美满幸福的亲密关系打破了年龄差异可能带来的障碍，携手走过了十年婚姻生活，且在妻子四十二岁时迎来了第三个孩子。全家福照片上，一家五口笑得十分灿烂。大家都说，这张照片就是对他们甜蜜爱情的最好证明。

有朋友请教李尚，他是如何维系这一段存在显著年龄差异的婚姻的？李尚的回答体现了婚姻关系的深厚基础："她的底色是真诚善良，而我的追求就是真诚善良。"

共同的价值观成了亲密关系中不可或缺的一部分。

李尚曾描述过他和妻子的相处之道，其中包含着共情、理解和生活里不时的幽默感："她下班回来，一脚就把高跟鞋踢了。我一看，肯定是有烦心事。这时候，还不得马上问问啊。她果然迅速就告诉我，说今天同事说话很过分，明明不应该是自己承担的任务，但同事就是推了过来，还甩锅给整个小组。我立刻拥抱了她，然后说：坐坐坐，菜可以先不煮，事你得告诉我。她边说，我边附和：你这同事，我上回看见她，就觉得她'茶言茶语'的。说完，我还指了指桌上的绿茶。妻子看到我的手势，扑哧笑了。原本的满腔怒火一消而散。"

因为李尚总是能够提供充足的情绪价值，所以妻子就算有烦心事，每每到家也会消除情绪，让心情变得好起来。李尚说，这种相处模式，很好地弥补了他们夫妻二人的性格差异。

将性格差异做出转化，是亲密关系中的一个积极因素。

在心理学领域，"互补定律"被广泛研究和讨论，尤其是在与人际关系和恋爱关系相关的心理学研究中。它指出：人们在需求、性格、兴趣、能力、思想观念等方面存在差异，当双方的需要和满足途径正好成为互补关系时,彼此会更有吸引力。这种互补关系可以存在于多个方面,如需求和能力的互补,性格和气质的互补等。这种互补性不仅能够促进双方的相互吸引,还能增强相处的和谐性。李尚夫妇的相处模式便是这一理论的生动体现。

亲密关系中,两个人性格的相似性确实能够带来共鸣和愉悦,但性格的差异性同样能够激发出新的魅力。

1. 多做差异互补的分工

性格相似虽然能在相识初期给双方带来共鸣和默契,但长期而言,关系的持久性往往需要双方互补。这种互补性不仅体现在情绪、行为上,更在于双方能否在价值观、生活目标以及处理冲突的方式上找到平衡点。就如同某社交平台上的一个问题:"性格极为相似的两个人,是否真的难以维系长久关系?"有一个获得广泛认同的回答指出:"当双方都倾向于内向或外向,容易在相同情境下产生相似情绪反应,这可能导致双方在相处中缺乏必要的互补性,从而感到疲惫和不满。在发生冲突时,由于对对方太过了解，可能会更精准地触及对方软肋，造成更深的伤害。"

在亲密关系中，差异互补的分工合作是一种有效的策略，它能够帮助夫妻双方充分发挥各自优势，共同应对生活挑战。例如，一方是天生的组织者，善于规划和安排，那么他可以负责家庭日常管理和预算规划；而另一方如果更擅长社交和沟通，那么他可以成为家庭的社交联络人，负责与亲朋好友保持联系，组织家庭聚会。

通过这类差异互补的分工方式，夫妻双方可以在彼此擅长的领域发挥作用。同时，也为彼此提供学习成长的机会——可以从对方身上学到新技能、新方法。

重要的是，这种分工合作需建立在相互尊重和理解的基础上：夫妻双方多做定期沟通，以确保每个人都对当前的分工感到满意，会愿意为了共同目标而努力。比如，共同庆祝每一个小成就，共同完成一项挑战等，都能让夫妻双方增强团队精神、感激之情，从而在差异中维持和谐，实现共同成长。

年轻时，我们可能更倾向于寻找与自己相似的伴侣，但成熟后，你会发现，关系的深度和持久性往往建立在相互理解和尊重差异的基础上。**性格的相似性可以是关系开始的催化剂，而互补性是维系长久关系的关键。**

通过相互学习，性格迥异的两人也能在差异中维持和谐，共同构建一个更加稳定、充满爱的关系。

2. 构建情感银行账户

在心理学的研究中，人际关系的吸引力往往与个体间的互补性密切相关。社会交换理论指出，人们会在关系中寻求自己的利益最大化，而性格互补可以视为一种能够带来额外价值的资源。所以，构建"情感银行账户"就是提升亲密关系的一种富有成效的方法，它能够帮助夫妻双方积累正面的情感资本，增强彼此之间的信任和亲密感。

情感银行账户的概念类似于金融银行账户，其中积极的行为和感激的表达被视为存款，而负面的行为和冲突则被视为取款。在日常生活中，夫妻双方可以通过一系列小而有意义的行为来"存款"，比如为对方准备早餐，在对方疲惫时提供支持，或者真诚地说一句"我爱你"和"谢谢你"。这些行为虽小，却能够逐渐积累起深厚的情感储备，使得夫妻在关系遇到挑战或困难时，有足够的情感资本来应对。

夫妻双方需要意识到情感银行账户的平衡状态，并且共同努力保持其正向增长。这意味着，双方都要积极地"存款"，并避免无谓的"取款"行为。

著名建筑师贝聿铭和他的妻子卢爱玲的婚姻为大众津津乐道。贝聿铭以其创新的设计理念和对建筑美学的深刻理解闻名于世，而卢爱玲则以其敏锐的商业头脑和对家庭的细心照料被人称赞。两人在性格和专业上的互补，不仅促进了彼此的事业发展，也为他们的家庭生活注入和谐与幸福。

在婚姻关系中，性格的互补性并不是要求一方完全适应另一方，而是双方能够认识到并尊重彼此的差异，通过相互的交流和

合作找到共同点。 这种方式能让夫妻双方在日常生活中培养出积极的情感交流习惯，以增强情感联系、直面生活压力和为对方提供必要的情感支持和安全感。

通过"互补定律"这一心理学视角，我们可以更深入地理解性格互补的价值，而将其应用于现实生活中，更有助于建立愈加稳固、满意的人际关系。

3. 性格差异的正面强化

性格差异的正面强化是一种能够促进双方理解和和谐相处的策略。其本质是在强调，在婚姻的旅途中，夫妻双方的性格互补能成为微妙而强大的力量，就如同阴阳哲学中的平衡，一方的柔和与另一方的坚定相互协调，共同营造出和谐的家庭环境。

通过正面强化，夫妻双方可以学会欣赏与利用彼此性格上的不同点，从而增强关系中的积极互动、相互尊重。即：**当伴侣表现出与其性格特质相符的积极行为时，另一方应给予认可和赞赏。**

若夫妻一方性格开朗，凡事持乐观态度，能在困难时刻为家庭带来正能量，另一方就应该表达感激和支持；如果一方性格内向、深思熟虑，能帮助家庭避免冲动决策，那么也应得到另一方的肯定和鼓励。

中国著名科学家屠呦呦与其丈夫李廷钊之间正是互补关系。屠呦呦在医学领域有着卓越贡献，尤其是发现青蒿素，她赢得了诺贝尔奖的殊荣。而李廷钊作为坚强的后盾，他不仅在家庭生活中承担了大量责任，还在屠呦呦的研究工作中提供了必要的支持和鼓励，总是积极肯定她在工作中做出的贡献。通过这种相处方式，夫妻双方不仅能够更加深入地了解对方的性格特点，还能够学会如何在关系中发挥各自的优势，共同创造一个更加和谐、支持性的环境。

从上述故事，我们能看到：正面强化可以帮助夫妻双方在遇到分歧或困难时，更加容易找到共同点和解决方案，因为他们已经习惯于从对方的性格中寻找积极的一面。

在婚姻中，性格互补这四个字，从不是简单的"一柔一刚"或"一冷一热"，而是一种深刻的相互理解和尊重，是一种能够让两个人在婚姻的旅途中相互支持、相互激励的力量。所以，在寻找终身伴侣时，若找到的是那些与我们形成互补、共同成长的伙伴，你完全可以超越表面的相似性，不但不用担忧，反而应该欣喜地意识到：你们的结合，更可能真正实现"执子之手，与子偕老"的美好愿景。

1.3 霍桑效应
婚姻中最舒服的相处模式是看见彼此

有位心理咨询师分享过一个案例：一对已婚夫妇因为长时间未能感受到对方的关心与理解而求助咨询。妻子抱怨丈夫忽视她在家庭中的努力，丈夫则觉得自己工作很辛苦，一门心思赚钱养家却得不到理解，总被妻子埋怨。双方从吐槽抱怨到争吵冷战，关系一再恶化。

该心理咨询师表示，这对夫妇会出现这种感觉，来源于心理学中所说的"可见性缺失"，即一方的努力被另一方视为理所当然，时间久了便会忽视对方的付出。这其实也是现实生活中许多夫妻的现状：婚前相爱、包容，婚后感觉彼此疏远，常会抱怨自己的付出得不到另一半的认可。

要如何解决这一困境？

美国心理学家约翰·戈特曼（John Gottman）在研究中指出，婚姻中的正面互动至少应为负面互动的五倍，才有助于夫妻双方感受到彼此的爱和尊重，而有效的沟通和相互认可是维系婚姻关系的关键。

约翰·戈特曼的研究与心理学中的"霍桑效应"相契合。霍桑效应是心理学和社会学中的一个概念，指的是当人们知道自己正在被观察或研究时，他们的行为会有所改变的现象。这个效应是在20世纪20年代和30年代进行的一系列实验中发现的，这些实验被称为霍桑实验，因为它们是在芝加哥西部电气公司的霍桑工厂进行的。

把"霍桑效应"应用到亲密关系中，就是让婚姻中的个体感知到自己受到对方的关注，其通常就会在思考和行为上做出积极的调整。如果双方都能积极展示和认可彼此的努力，不仅能够减少婚姻中的误解和冲突，还能加深双方的情感联系。

有这样一个案例：一对夫妻喜欢在网上分享，他们各玩各的、各看各的社交账号，两人的共同语言越来越少，家里的气氛也越来越像酒店。每天，两个人只是机械地吃饭、睡觉，很少交流。他们虽然爱着对方，却被生活里的琐事磨出了坏脾气。最不应该的是，彼此都把坏脾气给了对方。后来，在心理学家的帮助下，他俩依旧保持着在网上分享的习惯，却改变了方式——通过写"感恩日记"来记录生活，并在日记中不断赞美对方，传达出对对方付出的肯定和自己的感激之情。很快，这一简单的行为模式取得成效，显著改善了两人的关系。

改善亲密关系的关键，在于要让对方感知到自己是受关注的。具体要如何做？如何能将"霍桑效应"落到实处，增进亲密关系？我们想给你以下三个建议。

1. 定期主动做情感交流

在婚姻生活中，误解和矛盾往往源于未能充分看见并体谅对方的付出与牺牲。

我的朋友亚红是一位全职妈妈，负责家中所有家务并照顾两个年幼的孩子。这其实是一份需要投入大量时间和精力的工作，然而亚红的丈夫李先生常常因为工作繁忙而忽视家中琐事和她的辛劳付出。

一次，亚红在处理完家务后，疲惫不堪，正想躺着休息一会，李先生因工作需要突然回家，他完全没有注意到亚红的状况，只是急切要求妻子为他准备晚餐。早已积压了很多不满和疲惫的亚红，情绪彻底爆发，当天两人发生了激烈的争吵。

亚红这样的案例，并不少见。心理学家苏珊·约翰逊（Susan Johnson）在她的"情感焦点治疗"中提到，**真正的情感连接来源于对伴侣内心世界的深入理解和响应**。婚姻中的每一方都应当努力认识到并感激对方的付出，无论这种付出是在家庭还是在职场中做出的。

在这个案例中，如果李先生懂得"霍桑效应"，能有观察与关注意识，能在回家时发现妻子的状况且立刻给予她关心和帮助，或许就可以大大减少摩擦。

然而,拥有"霍桑效应"的关注意识并不是一朝一夕的事。心理学家约翰·戈特曼在其代表作《幸福的婚姻》一书中强调:积极、开放和支持性的沟通对于维系婚姻稳定极具重要性,定期交流、主动分享感受,更能促进感情。

由此可见,培养"霍桑效应"关注意识,一是需要你能用心观察到对方的"烦心状态",与对方一起去找到解决方法。二是多做定期的情感交流,主动分享自己的感受。**只有在相互理解和体谅基础上搭建桥梁,才能承载更多的爱与尊重。**

2. 迁就差异,在不同中寻找共同点

在婚姻关系中,误解在所难免,而能够共度一生的伴侣,往往是那些懂得在争吵中学会磨合与迁就,在矛盾中知道彼此退让并改变的人。婚姻生活远非简单的两人共处,它是两个人相互迁就、共同塑造的过程。

著名的建筑学家梁思成是广东人,其妻子是著名作家、诗人、

建筑师林徽因,她出生于浙江。广东和浙江的饮食习惯很不同,广东菜以清淡、注重原汁原味而著名,而浙江菜则口味偏甜,烹饪手法多样。两人的出生地,也分别代表了中国南方和东部沿海地区的文化差异。尽管在生活习惯与文化背景上都存在着差异,也不时会出现误解,但他们在婚后生活里,展现出了足够的相互尊重和包容。他们共同致力于中国古建筑的研究和保护,在艰苦的环境下依然保持着对学术的热爱和对彼此的尊重,他们的爱情故事成了一段佳话。

若夫妻双方来自不同的家庭背景和文化环境,差异误解难以避免,就不妨学一学梁林婚姻:让一段成功且持久的关系,建立在对差异的深刻理解和迁就之上。**要知道,真正的伴侣会在冲突和不同中寻找共同点,学会相互尊重和适应。**

"霍桑效应"告诉我们:婚姻生活不是两个人的简单组合,而是动态的、需要双方共同努力的过程。一段亲密关系里,应带着爱与细心去关注对方,接纳对方的独特性、欣赏对方的优点以及在必要时做出妥协,关系才能逐渐变得坚不可摧。

婚姻中最美的风景，往往来自双方在差异中的相互迁就和成长。

3. 在给予与接受之间找到平衡

众所周知，周恩来与邓颖超是夫妻相敬如宾的典范。他们共同经历了中国革命的风雨历程，无论是在战争年代还是在和平建设时期，两人始终相互尊重、相互支持，共同为中国的发展和进步贡献力量。

在他们的婚姻生活中，周恩来和邓颖超始终保持着平等、尊重的态度。他们经常交流思想，共同探讨问题，即使在意见不合时也能够保持理性和克制，尊重对方的观点。邓颖超在回忆录中提到，周恩来对她的工作给予了极大的支持和鼓励，而她也同样支持周恩来的工作和决定。他们的婚姻关系，不仅体现了夫妻之间的深厚感情，更展现了他们作为革命伴侣的高尚情操。

当夫妻双方都能细致入微地关注并满足对方的情感和实际需

要时，其婚姻关系便能够得到加强和深化。学会在给予与接受之间找到平衡，才能共同维护和谐的婚姻生活。因为婚姻不仅是情感的结合，更是生活的共同体。在这段持续的关系中，如何用心经营，用爱回应，是每一对夫妻都需要面对的课题。

漫漫人生路，婚姻中的每一方都应当努力看到并赞赏对方的付出，充分理解伴侣的付出并给予相应的回应。这样做，不仅是在维持现状，更是推动关系向前发展。这也正是"霍桑效应"在亲密关系中的体现：**只有在相互理解和支持的基础上，夫妻关系才能够承载起更多的爱与尊重，双方才能成为彼此最坚实的依靠。**

1.4 确认偏见

没有三观一致的爱人，只有求同存异的伴侣

在当今社会，离婚率不断攀升，"三观不合"似乎成了夫妻关系破裂的常见托词。这一说法背后，反映出我们对婚姻中价值观念差异的普遍焦虑。然而，在这个个体差异日益凸显的多元化时代，我们是否应该重新审视所谓的"三观"？"三观不合"是否真的注定会成为夫妻情感裂痕的起点？

心理学上的"确认偏见"现象，是指人们倾向于寻找、解释和记忆那些能够证实自己预期和信念的信息。在婚姻的互动中，这种倾向尤为明显。面对分歧，"确认偏见"可能使我们忽视对方的观点，固执己见，从而加剧双方的矛盾。

更直白的说法就是：当双方出现不一致时，一方常试图以自己的观点去强制塑造对方，期望对方接受自己的认知。但对方同样极具个性，不肯接受。于是，双方争执斗气不可避免，婚姻也就此产生裂痕。在关系不可修复的时候，双方只能无奈使用"三观不合"这一托词。

事实上，婚姻生活的复杂性，远非简单的价值观念匹配所能涵盖。它涉及情感的深度交流、个性的细致磨合，以及生活习惯的相互适应。在磨合的过程中，双方认知上的冲突不可避免。

"三观不合"是表层，"确认偏见"才是冰山的真面目。

维持和谐的关系，重要的根本不是"三观"的绝对一致，而是双方如何处理它们之间的差异。一味苛求"三观"一致，凡事都要观念同步的做法不但无益于解决问题，反而可能造成更深层次的隔阂。所以，夫妻在婚姻中发生冲突，也并非全然消极——它同样可以成为促进双方成长和理解的宝贵机会。

夫妻双方若真是"三观不合",并不意味着婚姻的终结,相反,这是促进亲密关系的营养剂。"认知失调理论"就为这种现象提供了解释:当个体持有相互矛盾的信念、态度或行为时,会感到不适。为了减少这种不适,个体可能会尝试改变自己的信念或行为,以求达到一致。换言之,当伴侣与自己"三观不合"时,懂得理解、接纳,避免"确认偏见",应用"认知失调理论",用成熟与和谐的方式处理这些差异,才是让你们的亲密关系更进一步的最优解决方案。

面对伴侣的不同行为习惯和思维理念,夫妻双方的反应和解决方式,往往决定了这段关系的未来。只有当我们能认识到自己的偏见,学会欣赏和尊重伴侣的独特性,才能在差异中找到共鸣,建立起更为坚实和和谐的婚姻关系。

基于此,我们可以在日常的沟通中,有意识地学习、运用以下三种方法,解决夫妻"三观不合"的问题。

1. 认知重塑，自我反思

在婚姻中，"三观"的不合往往根植于深层的认知模式。认知重塑与自我反思是帮助夫妻双方超越表面分歧，触及问题核心的一种方法。通过这一方法，伴侣之间能够识别和挑战那些无意识中导致冲突的信念和偏见，从而促进更深层次的相互理解和尊重。

以李明和王芳这对夫妇为例，他们经常因为教育孩子的方式而产生争执。李明坚持传统的严格管教方法，而王芳则倾向于西方的自由式教育。通过心理专家指导，了解了自己行为背后的深层意图后，李明意识到，他对严格管教的偏好源自对秩序和控制的需求，而王芳则认识到她对自由式教育的偏好反映了对自由和个性的重视。通过一系列的自我反思和深入对话，他们开始理解对方的观点，重新调整自己的思维认知并共同探索出一套适合他们家庭的教育理念。

认知重塑与自我反思不仅是一种技能，更是一种持续的实践。它要求夫妻双方持续地检视自己的内在信念，开放地接受新的可能性，并愿意从对方的角度看待问题。通过这种方法，夫妻双方能够逐渐缓解由"确认偏见"所引起的紧张和冲突，建立起更加坚实的沟通和理解基础。最终引导他们建立一个更加成熟、和谐的伴侣关系。

2. 共享价值，设定共同目标

通过发现和培养共享价值以及设定共同目标，夫妻双方可以建立起更深层次的联系。这种方法不仅有助于缓解分歧，还能增强双方的合作意识，从而促进婚姻关系的和谐与稳定。

范哲成和妻子娜娜子是一对已婚十年的夫妻。曾经，他们在家庭财务管理上的矛盾十分尖锐。范哲成是一位保守的会计，坚信储蓄和投资的重要性，而娜娜子是一位自由职业者，更倾向于享受当下，对于即兴的消费和旅行充满热情。两人在财务规划上的分歧严重影响到他们的婚姻关系，他们两人一谈到财务问题，总是争执不下，有一次甚至提到了离婚。

在心理学专家的建议下，他们进行了一次深入的讨论，通过开诚布公的交流，两人开始理解对方财务观念背后的生活经历和价值观。范哲成了解到娜娜子的消费习惯源自她对自由和探索未知事物的渴望，而娜娜子也认识到范哲成对财务安全的重视是出于对家庭未来的深思熟虑。有了这些理解，他们开始寻找共同点：两人都希望为家庭提供稳定和幸福，只是他们对如何实现这一目标有不同的看法。

最后，在财务顾问的帮助下，他们共同制订了一个综合的财务规划，既涵盖短期的享乐活动，也包括长期的储蓄和投资目标。他们不仅设立了一个"享乐基金"，用于娜娜子向往的旅行和特别的活动，同时也设立了紧急基金和退休基金，以确保家庭的长期财务安全。

此外，他们还约定每季度召开一次家庭财务会议，回顾和调整财务规划，确保双方都能参与到家庭经济决策中来。

通过这种方式，范哲成和娜娜子学会了尊重彼此的财务观念，增强了心平气和地沟通、解决分歧的能力。随着共同财务规划的实施，两人的婚姻关系得到了显著改善。他们意识到，尽管在财务管理上存在差异，自己曾对对方有着"偏见"，但通过共享价值和设定共同目标，他们能够找到满足双方需求的解决方案。

学会共享价值和设定共同目标，不仅能加深夫妻对彼此价值观的理解，也能增强婚姻生活的幸福感。

3. 勇敢大声做情感表达

有效的沟通是解决婚姻中"三观不合"问题的关键。通过提升沟通时的情感表达能力，夫妻双方可以更深入地理解对方的内心世界，减少误解和冲突。

孙强是一位 IT 行业的高级工程师，妻子王莉则是一位热心的社区志愿者。他们结婚三年，因为孙强频繁加班和王莉对社区活动的过度投入而产生矛盾。孙强感到下班后家里总是空空荡荡的，而王莉则认为孙强不支持她的工作，双方一度陷入冷战。

为了解决双方的沟通问题，王莉参加了社区的婚姻情感沙龙，在学习了马歇尔·卢森堡（Marshall Rosenberg）的非暴力沟通原则后，她开始邀请孙强一起参加。

以下是他俩参加沙龙后，应用非暴力沟通原则到自己婚姻实践中的一些技巧细节。

①理解倾听，识别需求。

练习中，孙强表达了对王莉加班的失望，王莉没有立即辩驳，而是尝试倾听并理解他的感受。通过充分沟通，他们意识到了彼此的深层需求：孙强需要感受到家庭的温暖和支持，而王莉需要孙强的认可和参与。

②情感表达，避免指责。

孙强学习了如何用"我……"的语句，例如，用"我感到……"来表达自己的感受，而不是用指责的方式。当他勇敢大声地向王莉说："我每天回到家，看到家里冷冷清清、空空荡荡的，心里就很不好受。"王莉上前给了他一个大大的拥抱。夫妻两人一起探讨了如何平衡工作和生活，最终决定每周至少共同参与一次社区服务，并在孙强不那么忙的时候，王莉适当减少志愿活动，花更的多时间与孙强在一起。

③设定时间，定期沟通。

他们共同设定了一个"夫妻沟通时间"，在这段时间里，他们会关掉手机，专注于彼此的交流。

抛掉"确认偏见"，真诚勇敢地表达情感，孙强和王莉不仅化解了彼此间的矛盾，还加深了情感联系。尽管提升情感表达的练习需要时间和耐心，但它的回报是显著的：一个更加和谐、充满理解和支持的婚姻关系。

通过持续的沟通和情感表达，夫妻双方可以共同成长，打下更加坚实和充满爱的关系基础。

婚姻并不是一段寻求"三观"绝对一致的旅程，而是一个关

于理解、尊重和包容的成长过程。"三观"的差异，不应成为夫妻间的隔阂，而应是双方相互学习和成长的机会。不要被"确认偏见"所束缚，婚姻生活是两个独立个体共同创造的独一无二的世界，它不仅仅是爱情的归宿，更是双方精神成长的园地。我们应当认识到，每一段婚姻都是独特的，每一对夫妻都将面临自己的挑战和机遇。婚姻中的幸福和和谐不是自然而然的结果，而是夫妻双方共同努力和不断学习的产物。

通过持续的、真诚的、开放的沟通，每一对夫妻都能够化解"三观"的分歧带来的影响，共同创造一个充满爱、理解和成长的婚姻生活。

1.5 晕轮效应
真正的亲密，是抛开偏见包容彼此

人们常说"情人眼里出西施"，在热恋时期，我们很容易被伴侣身上某些显著的优点所吸引，这些特质仿佛光环，让人极易忽视伴侣身上的缺点。然而，随着婚姻生活的深入，日常琐事会逐渐暴露出双方的真实面目。

当伴侣的行为与我们心中的理想形象不符时，那些曾被光环掩盖的缺点便开始显现。有时这些缺点在日常的沟通中会被放大，演变成为争吵，甚至成为夫妻之间和谐相处的障碍。

心理学上的"晕轮效应"，是指个体对他人的一个显著特征形成印象后，对其他特征的判断也会受到这个印象的影响。在恋爱期，我们会因为伴侣的某些积极特质而对他们的整体品质给予过高的评价，将伴侣理想化，选择性地忽略了他们的缺点。所以，进入婚姻后，最初的"晕轮"消失，伴侣的缺点被关注，甚至被放大，双方产生裂痕。

面对这种情况，处于亲密关系中的两个人要怎么办？

心理学家卡尔·罗杰斯对此提出：无论个体的行为如何，都应该给予他们无条件的尊重和接纳。这意味着婚姻关系中的双方都需要用同理心去看待每一次争吵和不快。每个人都有自己的局限性，夫妻之间若想和谐相处，就需要学会在伴侣的不完美中寻找平衡。这不仅是一种沟通技巧，更是一种情感智慧。

拥有了这种智慧，我们可以更好地理解和尊重伴侣，从而建立起一种更为深刻和持久的亲密关系。你可以参考以下三个方法来提升婚姻生活的质量。

1. 建立全面的优缺点清单

"晕轮效应"可能会让我们对伴侣的某些特质过分美化或忽视。要打破这种现象，关键在于建立一个全面的优缺点清单，这不仅能帮助我们更真实地看待伴侣，还能促进夫妻彼此之间的相互理解和成长。

周鹏和李婷在婚后的第二年就常常因为小事争吵。为了改善这种情况，他们决定各自花一周时间，独立列出对方的优缺点。在做列表时，周鹏发现，尽管李婷有时候过于直接，但她的坦率和热情正是他所欣赏的；而李婷也意识到，周鹏的细致和计划性虽有时显得固执，但也正是他可靠和稳重的体现。

列出清单后，他们约定用一个晚上进行互换并讨论这些优缺点。这次交流让他们都感到惊讶：原以为已经足够了解对方的两人发现，原来对方还有那么多自己未曾深入的内在世界。通过交流，周鹏和李婷仿佛又回到了当初恋爱时，他们欣赏对方那些曾经被忽视的品质，并且对那些引起摩擦的特质有了更深、更真的理解。

之后,他们设立了"优点箱",每周在纸条上写下对方做得好的事,月底时共同阅读这些纸条,以此来强化对彼此优点的认识和感激。

建立全面的优缺点清单令周鹏和李婷克服了晕轮效应带来的偏见,还学会了欣赏和接纳彼此的全部特质。这个有效的方法帮助他们从日常琐事中跳出,以更广阔的视角看待婚姻,建立起更为坚实和深刻的亲密关系。

所以,在婚姻中,通过有意识的努力,学会欣赏对方的优点、接纳对方的不足,夫妻双方可以共同成长,进而克服最初的"晕轮效应",创造出一个充满爱和理解的亲密关系。

2. 开展无评判的深度对话

在婚姻关系中,无评判的深度对话是一种强大的工具,能帮助夫妻双方打破"晕轮效应"所造成的表面印象,触及彼此内心深处的感受和需求。这种沟通方式要求我们放下对伴侣的预设期望和刻板印象，以开放和接纳的心态去理解对方的内心世界。

例如，我们常见的批判式对话是这样的：

A："你又忘了把洗衣机里的衣服拿出来，你怎么总是这么健忘？"

B："我又不是故意的，你能不能不要每次都指责我！"

而无评判对话是这样的：

A："我注意到洗衣机里的衣服还没拿出来，这周已经是第三次了。我感觉我们需要找个解决办法，以便衣服不会长时间留在洗衣机里。"

B："我知道了，我最近工作比较忙，可能疏忽了，真抱歉。你和我一起想想吧，看看有什么办法可以帮助我记得这件事，好吗？"

"无评判的深度对话"沟通方式，不仅能让双方增进相互理解，还能够在关系中建立更深层次的信任和亲密感。

著名作家巴金和妻子萧珊的婚姻就是极好的例证。巴金以其深刻的文学作品和尖锐的社会批评闻名，萧珊是一位温柔的图书馆管理员。他们的婚姻经历了许多社会动荡和个人挑战，但两人始终保持着紧密联系。巴金曾遭受极大的压力和批评，对他个人的心理健康造成严重影响。这段艰难岁月里，萧珊为巴金提供了一个安全的情感出口。她从没有对他的担忧和恐惧进行评判，而是提供无尽的支持与理解。巴金在《怀念萧珊》一文中写道："她不断地给我安慰，对我表示信任，替我感到不平。"这使得巴金在心理上得到了疗愈，并继续他的文学创作。他还在文中写道："在那些年代，每当我落在困苦的境地里、朋友们各奔前程的时候，她总是亲切地在我的耳边说：'不要难过，我不会离开你，我在你的身边。'"萧珊对巴金的理解和支持给了他莫大的安慰。他俩之间，没有评判，没有责怪，只有深深的理解和爱。

开展无评判的深度对话，能使亲密关系中的双方超越表面的"晕轮效应"，建立真诚理解、相互支持的深厚关系；能更真实地看到"真正的对方"，而不是自己内心希望或害怕看到的对方。

多做这样的沟通，有助于我们欣赏对方的优点，同时也接纳对方的不足，从而在婚姻中培养出更为成熟和稳固的感情。

3. 多角度观察，收集多元化反馈

为了克服"晕轮效应"，我们需要从不同的角度和环境中观察伴侣并获取对伴侣行为的多元理解。这一过程不仅涉及你对伴侣在不同社交场合行为模式的观察，也包括从信任的家人或朋友那里收集反馈，并将这些信息整合起来，以在心中形成一个更全面、更客观的伴侣形象。

孙浩与妻子李薇在热恋一年后结婚。然后他们慢慢开始感觉到对方的行为模式与自己的期望有所偏差，两人多次发生争执并产生摩擦。煎熬中，孙浩去咨询了心理专家，李薇也在网络上报名参加了婚姻情感方面的课程。彼此深爱着的两人，都朝着让小家更美好、更和谐的方向去努力。

在结婚的第四年，他们有了一个可爱的宝宝，夫妻俩相敬如

宾。说起之前的争执,他们很感慨:"亲密关系,是要学习、用心、努力去对待的。"

经两人同意,我们拿到了他们当时的解决方案,以供参考。

①寻求第三方的看法。

他们分别向自己的密友和家庭成员询问了对伴侣的看法。孙浩从李薇的同事那里了解到,她在工作中展现出的领导力和决断力是孙浩未曾见过的一面。而李薇从孙浩的大学同学那里得知,他对建筑的热情和创意远超过了他在家庭生活中的展现。

②不同场合下的观察。

他们两人开始调整时间与节奏,多陪伴对方,进入对方的圈子,并有心留意对方在不同场合下的行为。李薇参加了孙浩的公司聚会,尽管恋爱时也陪伴他参加过,但每次都是跟现场的女生们一起烧烤、吃东西。这次她刻意留心孙浩,观察到他在专业环境中，回应同事们提出的疑难问题时极其自信和有魅力，这让她大为赞叹与欣喜。孙浩也陪同李薇一起参与了她举办的志愿者活动，见识到了她卓越的组织能力和对小动物的爱心。以前，他只感觉李薇是一个柔弱的女孩，说话温柔、做事细致，但陪同参与了几次活动后，他看到了一个坚韧又刻苦的领导者形象，即便事出突然，下起暴雨，李薇也能很好地组织志愿者们完成任务。

③反馈整合，克服偏见。

通过多角度观察和反馈整合，孙浩和李薇更全面地了解了对方：孙浩意识到李薇在工作和家庭中的不同角色，而李薇也认识到孙浩在私人生活和职业生活中的不同面貌。两人都更能理解对方，克服了"晕轮效应"带来的偏见。

欣赏对方在不同环境中的多样表现，并在相互理解和接纳中共同成长。这一方法不仅能加深亲密关系中的双方对彼此的了解、发展出更加均衡和成熟的认知视角，也更能促进彼此之间的相互理解和提升亲密感。

随着婚姻时光的飞快流逝，亲密关系中夫妻不可避免地会遭遇"晕轮效应"的考验。然而，请记住：**婚姻并不是寻找一个完美无瑕的伴侣，而是透过彼此的不完美，从关系中找到和谐与幸福。**因此，当我们学会抛开偏见，用包容和接纳的心态去看待伴侣时，我们才能拥有真正的亲密伴侣，携手走过人生的起起落落。

1.6 情绪依存效应

懂得吵架的夫妻，从不翻旧账

在夫妻间的争吵中，"翻旧账"几乎成了一种普遍现象。网上曾流传一个案例：一男生在尝试和解时，收到了女友发来的一个名为"男友惹我不开心记录"的文件，压缩包大小竟高达1.41G，其中详细记录了三年来女友每一次对他的不满和失望。虽然这只是一个极端的例子，但它生动地反映了许多人在冲突中的行为模式：牢牢紧握，不肯放过，即俗称的"翻旧账"。

"情绪依存效应"指出，那些曾引起我们不快的记忆会被编码进大脑，并在体验到类似情绪时被触发。在争吵中，当情绪高涨时，负面记忆会被一一唤醒并被用作攻击的武器，加剧双方的矛盾。

翻旧账真的有助于解决问题吗？

实际上，这往往只会给我们带来更多的伤害和误解。在亲密关系中，翻旧账不但无助于当前的冲突解决，反而可能成为双方感情破裂的导火索。因此，理解"情绪依存效应"，学会在冲突中保持冷静——专注于解决当前问题而不是沉溺于过去的不愉快、避免翻旧账，对维护和谐的伴侣关系至关重要。

以下三个策略，供你参考，希望能帮助你掌握正确的"吵架"方法，学会将争吵转变为促进相互理解的机会，杜绝它成为亲密关系中的破坏力量。

1. 创建"情感时间胶囊"

为了避免翻旧账，我们建议夫妻双方可以共同创建"情感时间胶囊"。这是一种存储积极记忆和情感体验的方法，旨在未来发生冲突时能够唤起积极的情感，减少对过去不愉快记忆的依赖。

陈照和卢娇在他们的婚姻生活中就一直积极践行这一方法。他们会在每月选择一个共同度过的特别时刻,如一次深入的睡前对话、一个非节假日的惊喜小礼物、共同完成一次家务……记录下这些时刻的感受,拍摄照片,并将它们放入一个"情感时间胶囊"文件夹中。

某次,在他们发生争吵、双方都不肯低头认错而陷入僵局时,陈照打开了这个"情感时间胶囊",重温了那些积极的记忆,然后他主动去找卢娇交流。卢娇看到"胶囊"中的记录,也很快放下心结,两人重新找回了与对方的爱和关系中的美好。

此后,他们设立了一个规则:在争执时,认为自己做对了的人,去打开"情感时间胶囊",然后主动邀请对方来观看。他们向"胶囊"中添加新的记忆的同时,也要共同回顾之前的记录。这样的做法,不仅加深了他们对彼此承诺的记忆,也提醒他们记得当初为何会选择在一起。

创建"情感时间胶囊"作为一种预防性措施，帮助陈照和卢娇在日常的冲突中有效地避免了翻旧账。**通过定期记录和回顾积极的记忆，他们能够更加专注于当前问题的解决而不是沉溺于过去的不愉快。**这一积极的处理方式，不仅增强了两人的感情，还使他们能够在冲突中保持尊重和理解。

创建"情感时间胶囊"的核心在于它的持续性和共享性，这需要夫妻双方共同参与和回顾，才能产生积极效应：两个人在争吵时更容易回到理性的沟通轨道上来，减少"情绪依存效应"的负面影响，共同培养和维护健康和谐的伴侣关系。

2. 矛盾不要留到第二天

在婚姻关系中，及时解决冲突是避免情绪积压和翻旧账的有效策略。

在不满和分歧出现时，夫妻双方应立即采取行动，通过坦诚沟通，在小问题变成大问题之前将它解决掉，不让矛盾"过夜"，从而减少争吵中翻旧账的可能性。

王刚和李娜的婚姻初期,由于工作繁忙,两人经常将小矛盾搁置,总是拖着"过几天再说"。同时,他们也寄希望于时间——认为时间过去了,矛盾就自行化解,就没事了。但很快,这样做的弊端就显现出来了:未解决的问题越来越多,当问题逐渐积累到"不堪负荷"时,一句无关紧要的话就成了"压垮骆驼的最后一根稻草"。两人最终爆发了激烈的争吵,之后冷战数日,李娜更是一怒之下搬回了娘家。

王刚在双方老人的劝说下,去了岳父家,向妻子道歉,并接回了她。但是,第二次争吵又很快到来。这次是因为王刚回家后脱袜子,随手扔在了一边,李娜一边捡,一边发脾气。她一直在指责他,王刚一开始还忍着,后来就回嘴反击。两个人又为此闹僵了,冷战了好几天。

之后的一个月,王刚和李娜总是时不时就争执,起初言词都很锋利,谁也不让谁。但随着争吵次数变多,两人越来越疲急,也深深地感受到:爱在消磨中逐渐变少,两人不能再这样下去了。

为改变状况,他们相约进行了一次深入的交流。沟通过后,两个人明显轻松了,也发现了自己在看待对方缺点时的偏差。

之后,王刚和李娜约定:一旦发现问题,无论多忙,都要花几分钟时间进行简短的沟通。有事直说,当下就解决。此外,他们还设立了一个"冷静角",即双方沟通时,若是有一方的情绪开始变差,他们就会到这个预先设定的地方冷静冷静,待到情绪和缓后再继续对话。

通过对"问题不过夜,立刻解决"的解决方案进行持续练习,王刚和李娜争吵的频率逐渐降低了,并在冲突发生时能够更快地找到解决办法。在这个过程中,两人学会了倾听,站在对方的立场看待问题并共同寻找解决方案,而不是逃避问题。他们的夫妻感情也因此变得愈加深厚。

这一案例带给我们的启示是:夫妻双方若都能够做到立即沟

通、冷静处理分歧,就可以在冲突发生时保持情绪的镇定——专注于解决当下的问题,而不是被情绪所左右并开始翻旧账。

3. 情绪清零练习

情绪清零练习是一种通过主动沟通和情感释放来避免翻旧账的方法。

在婚姻关系中,过去的不满和失望如果未能得到妥善处理就很容易在下一次争吵中被重提。**情绪清零练习鼓励夫妻双方在发生冲突后进行深入地沟通,以确保双方都能感受到被理解和尊重,避免影响未来的互动。**

阿伟刘芸夫妇为了解决吵架翻旧账的问题,他们约定每次争吵结束后,并不是立即结束对话,而是留出一些时间各自冷静,然后再共同回顾刚才争吵中提出的问题。此外,他们还会通过情绪清零仪式,比如一起散步或共进晚餐,在轻松的氛围中交流争吵后的反思和感受。这一仪式让他们释放了负面情绪，增强了彼此间的理解和亲密感。

夫妻争吵后，进行有意识的沟通和情感释放，能减少过去的不满积累成未来的负担的可能，有助于在冲突后快速恢复关系，避免了翻旧账的恶性循环。但是，进行情绪清零练习也可能会面临诸多难点，例如：

◎**情绪管理上的挑战**：争吵后的激动情绪可能阻碍冷静沟通。

◎**沟通障碍**：情绪激动可能导致有效沟通变得困难，进而引起误解和进一步的冲突。

◎**信任缺失**：如果争吵频繁或严重，可能会损害双方的信任，进而影响两人愿意开展情绪清零练习的意愿。

◎**责任归属问题**：确定争吵的责任归属可能会引起新的争议，双方可能都不愿意承认错误。

◎**期望不一致**：双方对情绪清零练习的期望可能不同，一方可能更积极，而另一方可能抵触或不信任这种做法。

◎**缺乏技巧**：缺乏有效沟通和解决冲突的技巧，可能导致情绪清零练习无法达到预期效果。

◎**时间压力**：日常生活中的压力和时间限制可能会影响双方进行情绪清零练习的精力和意愿。

◎**心理障碍**：个人的心理障碍，如自尊心、自我防卫等，可能会阻碍开放和真诚的沟通。

◎**缺乏持续性**：情绪清零练习需要持续的努力，但人们可能会因为缺乏耐心或动力而放弃。

为了克服上述这些难点，夫妻双方可以采取以下策略。**第一，设立冷静期**。争吵后，先给彼此一些时间冷静下来，避免在情绪激动的时候做出决策。**第二，学习沟通技巧**。通过阅读书籍、咨询专业人士来提高沟通技巧。第三，**增强信任**。通过共同的努力和承诺来重建和加强信任，**此外，确保双方都明白情绪清零练习的目的**，是为了改善关系而不是指责对方。在沟通时专注于当前的问题，避免提及过去的不满。**第四，寻求专业人士的帮助**。如果不能自行克服困难，可以考虑寻求婚姻顾问或心理咨询师的帮助。**第五，定期检查**。定期回顾和讨论情绪清零练习的效果，必要时进行调整，同时保持耐心，对新方法和改变持开放态度。**第六，共同参与**。确保双方都积极参与情绪清零练习，而不是单方面付出努力。

通过这些策略，夫妻双方可以更好地解决情绪清零练习中的难点，从而更好地维护婚姻关系。

冲突并不可怕，婚姻关系中发生冲突是非常正常的事，只要夫妻双方都能够在冲突中成长，学会更好地管理自己的情绪，便有助于建立起健康的情感交流模式。因此，"翻旧账"不必是争吵的一部分，而可以被积极寻求解决方案的态度所取代。通过深入理解"情绪依存效应"，我们能认识到：情绪状态对记忆有着重要影响，它会使我们在愤怒或伤心时更容易回忆起负面事件。然而，掌控情绪和管理行为是成年人的必修课。通过不断努力，夫妻双方都有机会克服"情绪依存效应"的局限，进而发展出更加成熟和全面的亲密关系。

第二章

怎么舒服怎么来，和睦相处可治愈一生疾苦

关 系 的 重 建

2.1 刺猬效应

融洽的感情，要保持适度的距离

西方有一则寓言：在寒冷的冬天，两只刺猬为了保暖而挤在一起。然而由于它们靠得太近，彼此身上的尖刺反而让双方都鲜血淋漓。于是，它们努力调整姿势，寻找合适的距离——既能获得温暖，又能避免被扎伤。这一寓言在心理学领域被广泛引用，形成了著名的"刺猬效应"，该效应揭示了人际关系中一个微妙的真理：即使是最亲密的伴侣，也需要适度的个人空间以维持健康的关系。

心理学指出，个体会在情感、身体和精神上设定的界限，以保护自己不受他人侵犯。关系中的冲突和不满往往与界限的模糊或缺失有关。个体在亲密关系中的安全感来源于伴侣之间的亲密度和可及性之间的平衡。当这一平衡被打破时，无论是过度的依赖还是疏远，都可能引发人的焦虑或逃避行为。因此，保持适度的距离，反而能够促进个体的自我成长，为双方的关系注入活力。

为了避免"被刺伤"，即在亲密关系中保持适当的距离以避免过度亲密导致的冲突，你可以参考以下三个策略。它们能帮助你和伴侣在亲密关系中得到尊重和理解，同时保持个体的独立性和个性，这对建立一个长期稳定且充满爱的关系至关重要。

1. 制订"个人空间协议"

钱钟书是我国著名的学者和作家，他的妻子杨绛是一位才华横溢的作家和翻译家。尽管他们的生活紧密相连，但两人都非常重视并维护对方的个人空间。杨绛给予了钱钟书思考与创作的自由，哪怕"整座住宅的面积才七十五平方米"，她也会隔出一个独立空间供他使用。在《我们仨》一书中，她就曾写道："蒋恩钿夫妻送来一个屏风，从客堂一端隔出小小一间书房。"钱钟书在这间小小的、名为"容安室"的书房里，创作了诸如《容安室休沐杂咏》等很多好作品。

每个人都是独立的个体，拥有自己的思想、情感和兴趣爱好，要想避免"刺猬效应"，可以通过制订"个人空间协议"实现。

"个人空间协议"是一种明确的沟通和协商过程，它可以帮助你和伴侣界定和尊重彼此的个人界限，从而维持关系的和谐与个体的独立性。通过制订"个人空间协议"，夫妻双方都能有机会去追求个人的爱好、发展社交圈和进行自我反思，这有助于保持个性的完整性和独立性，增强个体的自尊和自信，从而促进对关系更深层次的理解。

祝宏和俞璐感情甚笃，其秘诀就是制订了"个人空间协议"，以此来解决生活中的小摩擦。周末时，祝宏喜欢和朋友们打篮球，俞璐则喜欢享受安静的阅读时光。两人通过坦诚沟通，了解到彼此的需求后就制订了一份简单的协议：每周至少留出一个下午的时间，让对方享受自己的爱好，而另一方不会干涉。

七年过去了，通过使用这种相互尊重的方式，他们不仅减少了争吵，还增强了感情，完全没有"七年之痒"的无奈与争端。

夫妻生活中，冲突和误解在所难免。当一个人感到被尊重和理解时，他更有可能以健康的方式表达自己的需求和感受。"个人空间协议"可以帮助明确双方的界限，比如何时需要独处，何时愿意进行社交活动等，从而减少因期望不一致而产生的摩擦。当双方都清楚对方的界限时，可以更加有效地沟通和解决问题，构建和谐的家庭氛围。这样既防止情感上的过度依赖，又能促进双方的情感成熟和个人成长，同时也为双方关系的发展提供了稳定且持久的动力。

2. 制订"共同成长计划"

在亲密关系中，共同成长是维系双方情感和促进个体发展的关键因素。"共同成长计划"强调夫妻双方在追求个人目标的同时，还要相互支持和鼓励，以实现个人和关系层面的双重成长。这不仅有助于保持双方关系的活力，还能够增强你与伴侣间的联系和相互理解。

"共同成长计划"的核心在于设定共同的目标和期望,这些目标可以是关于职业的、教育的或者个人兴趣的。通过共同努力实现目标,双方都能获得成就感和满足感,同时也能在此过程中相互支持和鼓励,从而促进彼此的个人成长和自我提升。

王浩一直有个创业的梦想,而他的妻子李娟想成为一名设计师,她一直想要学习和提升设计技能,并且心心念念地要举办个人展览。为了能够实现各自的职业追求和个人兴趣,夫妻二人共同制订了一个详细的"共同成长计划"。在实施计划的过程中,王浩对准备商业计划、寻找投资者感到困惑时,李娟会给他提供意见和帮助;王浩则会在李娟设计作品集,以及筹备和策划展览时提供技术支持和后勤保障。

通过一份计划,两个人不仅在职业上互帮互助,取得了长足进步,也在情感上得到了滋养,关系愈加稳固。

"共同成长计划"往往涉及双方时间和精力的投入,这种投入本身就是一种情感上的交流和连接。在实现共同目标的过程中,夫妻双方会共同经历挑战、克服困难,这些经历都能够加深彼此之间的理解和共鸣。同时，当目标达成时，双方也会共享成功的喜悦和满足感，这种正面的情感体验能够进一步加深夫妻之间的情感联系。

制订"共同成长计划"是解决"刺猬效应"中提到的"亲密关系与个人独立性之间如何平衡"的有效途径。这份计划的制订与践行，能让你与伴侣建立起既有深度又有呼吸空间的亲密关系，让你们都能在对方的成长中找到自己的位置，保持自己的个性和独立性。

3. 制订"时间共享表"

时间管理规划是维持亲密关系和个人独立性的关键。通过有意识地做时间安排表并加以施行，能让你与伴侣拥有充足的时间度过共同时光，同时也能保持必要的个人空间。

制作"时间共享表"，核心在于你与伴侣平日里就要留心、观察对方的时间安排，并从中找到交叉点。两个人通过商议制订出表格，又一起施行，是在创造和珍惜共同的时光，也是在尊重彼此的个人时间，这样能够增强亲密关系的质量和深度。

张宁是一位工作十分忙碌的建筑师，而他的妻子李女士是一位互联网运营工作人员。由于工作性质的不同，他们经常有意识地安排好时间，以确保能够有足够的交流和独处时光。他们共同制订的"时间共享表"中，约定好"每周至少安排两次只属于两人的约会"，例如外出用餐、在家中一起看电影、逛花鸟市场等。此外，他们还设定了"个人时光"，在这个时间段里，一方独处，做自己的事，另一方不会干涉，完全地接纳和支持对方追求个人的兴趣或进行必要的放松。

张宁夫妇还特别重视日常小事，比如，每天再忙，也会一起吃早餐、在睡前做一次深入的对话等。这些简单的小习惯，成为他们亲密关系中的"高质量时间"，帮助他们保持了紧密的情感联系。两个人既尊重了彼此的个人空间，又共度了美好时光，关系因此变得更加稳定、和谐，彼此也更珍惜对方。

在亲密关系中的双方使用"时间共享表"能取得良好效果，

原因是显而易见的。首先，它通过确保双方都能拥有固定的时间来培养关系、加强情感联系、共同创造美好回忆。其次，它帮助两人在个人追求与共同生活之间找到平衡点，让双方都能尊重对方的私人空间，同时又保持关系的活力。最后，定期的共享时间、坦诚的沟通可以预防潜在冲突，为双方提供了一个开放交流的机会，特别有助于及时发现和解决问题，保障关系的和谐与稳定。

虽然"被刺伤"的现象在婚姻关系中非常常见，但我们对此也并不是无计可施。我们可以通过制订"个人空间协议""共同成长计划"以及"时间共享表"来应对它，这三个策略可以帮助夫妻双方避免因过度亲密而产生的问题，还能在相互理解和尊重中，建立起一种既有深度又有呼吸空间的亲密关系。

要知道，爱情并不是相互凝视，而是共同朝一个方向看去。在婚姻中，适度的距离不仅能够保护个体的独立性，还能为关系葆有一份吸引力。

2.2 情感账户
存款不停,爱情的保鲜期不止

在探讨婚姻关系的心理学研究中,美国心理学家威拉德·哈利(Willard Harley)的"情感账户"理论提供了一个深刻视角。该理论认为,伴侣间的每一次积极互动都是对情感账户的"存款",而每一次负面行为相当于"提款"。情感账户的"余额"直接反映了我们对这段关系的感知和满意度。

在一段健康的婚姻关系中,双方应致力于积累正面的情感资产,这不仅包括物质层面的支持,比如赚钱养家;还包括情感层面的滋养,比如相互肯定、赞美、积极回应,以及共同参与具有仪式感的活动等。

但相对的，你对伴侣漠视、否定和打压，虽不似恶性事件那样显而易见，也同样会对情感账户造成"赤字"。

吴敏有一个家世、工作都很好的老公，同学聚会时大家都羡慕她，但她悄悄跟我们几个好朋友说，这一段被外人看好的婚姻，差点把自己逼疯。公公婆婆有重男轻女的倾向，吴敏生下女儿，他们在产房门口就表现出了不开心，婆婆更是直接扭头就走。而丈夫也不关心吴敏的身体，在医院里，她多次委屈地哭了。医生护士都劝她，可丈夫明明知道，却一句安慰也没有。这件事，让吴敏的内心凉透了。

同学聚会之后，吴敏又怀孕了，可能是因为工作压力太大，她小产了。得知这一胎怀的是儿子，公公婆婆大发雷霆，丈夫也没给她好脸色。身心俱疲的吴敏选择回娘家住，丈夫选择漠不关心。他给吴敏打电话："我现在给你两个选择，要不你现在回来，要不你永远别回了。"

彻底心灰意冷的吴敏选择了离婚，带着女儿独自生活。

从这件事中，我们可以看到，丈夫的冷漠态度无疑是对情感账户的一次重创。吴敏生育与小产时，他不仅没有提供情感支持和安慰，还以不耐烦、指责的态度对待吴敏，这种行为耗尽了吴敏对这段婚姻的信心与耐心，最后导致关系终结。

婚姻的维系需要夫妻双方共同努力，它不仅是一场浪漫的旅程，更是一次需要努力与投入的修行。俗话说："婚姻是团火，需要不停地往上添柴，才能让火延续。"这意味着，夫妻双方都需要不断为婚姻关系注入新的活力，以保持其温暖和生机。那么，具体该怎么做呢？下面分享给你三个方法。

1. 情感镜像

情感镜像是一种基于心理学中镜像神经元理论的亲密关系策略，它强调通过模仿伴侣的积极行为和情绪来增强双方的情感联系和理解。镜像神经元是一种特殊的神经细胞，当观察他人的行为时，我们的这些神经元会被激活，促使我们做出自己看到的那些行为。

在婚姻关系中，通过情感镜像，我们可以更深刻地体验伴侣的情感状态，从而促进共鸣和同情心的形成。例如，一方在工作一天后很疲惫，回到家，另一方通过情感镜像法来表达理解：既可以在言语上表达共情，也可以通过模仿对方的放松行为，如一个安静的拥抱、坐下进行正念冥想等，来与伴侣一起行动，共享放松状态。

这种同步的行为、同步的情绪表达，能够让对方感受到被理解和支持，从而加深情感的连接。

应用情感镜像的夫妻，能更好地同步彼此的情绪节奏、共同体验生活的起伏。情感镜像不仅能帮助你理解、响应伴侣的情绪状态，还能创造积极的循环，让双方都感受到被爱和被支持。这种策略的实践，需要在平时就留心对方喜欢的行为与状态。观察好后，可把它作为情感银行的"预存款"，一旦遇上挑战或是快乐时刻，就可以通过情感镜像，存入"温暖的款项"。

心理学家亚伯拉罕·马斯洛曾说："在任何环境中，一个人最好的状态是给予，而不是索取。"情感镜像作为一种受心理学启发的策略，提供了一个简单而有效的方法来增强亲密关系中的情感共鸣和连接。通过同步伴侣的积极行为和情绪，不仅能加深彼此的理解，还能共创和谐、充满爱的关系环境。

2. 依恋探索

依恋探索是深入理解亲密关系中个体情感需求、行为模式的好策略，它基于心理学中的依恋理论。依恋理论认为，人们在早期与抚养者建立的关系中形成了一种内部工作模型，这个模型影响了他们成年后在亲密关系中的行为和期望。而在婚姻关系里，夫妻双方可通过不断探索来了解彼此的依恋风格，之后更好地理解对方的情感需求与反应方式。

心理咨询师佳悦曾经遇到过一对夫妻，妻子很焦虑，咨询时一直斥责丈夫不顾自己的感受。佳悦指导他们通过依恋探索活动来增强关系。经分析，佳悦说，案例中的丈夫是安全型依恋，他能在关系中自如地表达情感、寻求亲密；妻子则是焦虑型依恋，她经常担心自己被遗弃，对伴侣的依赖性很强。

通过一系列的心理辅导和干预活动,安全型依恋的丈夫学会了在妻子焦虑时提供更多的保证和安慰,焦虑型依恋的妻子则学会了识别和表达自己的真实需求,减少对丈夫的过度依赖。

通过依恋探索,这对夫妻不仅增进了对彼此依恋风格的理解,还学会了调整自己的行为来满足对方的情感需求,从而加深情感联系和信任。他们在之后的相处中,懂得注重在关系中找到平衡——安全型依恋的丈夫变得观察更加敏锐、响应更加积极,而焦虑型依恋的妻子则变得更加自信和独立。

佳悦整理了案例的辅导方案,以下是实操步骤,分享给你。

①**依恋风格自评**:夫妻双方首先通过自评问卷或讨论来识别自己的依恋风格。这可能涉及他们对亲密关系的看法、对伴侣的依赖程度以及在面对分离或冲突时的反应方式。

②**共享个人历史**:双方分享自己的成长背景和早期经历,尤其是那些与依恋风格形成相关的重要人物和事件。这种分享有助于理解两者当前依恋行为的根源。

③**情感体验交流**：夫妻交流自己在婚姻关系中的情感体验，包括感到安全的时刻和感到焦虑或不安全的时刻。

④**角色扮演**：在安全的环境中，夫妻通过角色扮演来模拟不同的场景，比如分离、重逢或冲突解决，以更好地理解彼此的反应和需求。

⑤**情感需求讨论**：明确讨论各自的情感需求，包括希望如何被支持、被安慰以及在婚姻关系中的期望。

⑥**撰写反思日记**：鼓励双方记录自己在婚姻关系中的体验和感受，以及对被依恋风格影响的反思。

⑦**依恋修复练习**：学习并练习依恋修复的技巧，比如在发生冲突后如何寻求和解和安慰。

⑧**共同设定目标**：基于对依恋风格的理解，双方共同设定"关系改善目标"，并制订出实现目标的计划方案。

⑨**持续沟通与调整**：保持持续沟通，确保双方都在努力满足对方的依恋需求，并调整自我行为以适应对方的变化。

依恋探索为夫妻双方提供了一种深入理解对方情感世界的方法。通过认识和尊重彼此的依恋风格，夫妻间能够建立起更加稳固和满意的亲密关系。这种策略鼓励开放的沟通、自我反思和相互适应，有助于双方在婚姻关系中实现成长和发展，共同创造一个充满爱、安全和支持的环境。

3. 情绪修复

在亲密关系中，当冲突或误解伤害到感情时，往往伴随出现的是伴侣或双方的情绪问题，如暴躁、愤怒、漠视等。

德国心理学博士乌多·贝尔（Udo Baer）和加布里埃莱·弗里克-贝尔（Gabriele Frick-Baer）撰写的《情绪修复全书》一书中，详细讲述了十七种情绪的产生原因及修复方法。例如，产生攻击性情绪要怎么办？书中提到："如果攻击性情绪忍不住要爆发,直接停止交流会有助于缓解情绪。"

从这本书的论述中,我们总结归纳了三点,来深入了解攻击性情绪爆发并影响亲密关系甚至伤害到感情的解决方法。第一,及时表达自己的愤怒,避免积累成怒火。第二,通过转换层面(如从情感层面转换到物理行为层面,如打扫房间)、转换位置(离开当前环境,到户外散步)和转换方向(转换话题或对象)来降低攻击性。第三,尊重并重视叛逆情绪,学会适当表达。

按照两位作者提出的方法,我们以"转换方向"来举个例子。假设两个人发生争执,吵得面红耳赤,就可以采取转换话题、停止讨论的方法来修复关系。比如,夫妻在争吵后,一方会通过幽默的语言或行为来缓解紧张气氛;或是通过诚恳的道歉来打开和解的大门。再比如说,有一方意识到自己的过失,就会主动提出一个彼此都喜欢的活动建议来作为和解的邀请,或是简单地通过一个拥抱、一些温柔的话语来表达想要修复关系的意愿。

先关注情绪,再关注事情。先修复自己的情绪,再重视情感修复。这种愿意修复和重建联系的态度,是健康婚姻关系中不可或缺的一部分。

婚姻关系的温柔之处，是站在对方的立场，向前迈出步子解决问题。所以，关注自己和对方的情绪，做好情绪修复是维系亲密关系中不可或缺的策略。

2.3 自我延伸模型

婚姻走到最后，靠的是克服厌倦感

在婚姻的旅途中，每一对伴侣都渴望能够手牵手走到最后。然而，随着时间的推移，热恋时的激情往往难以为继，日常生活的平淡逐渐成为主旋律。这种从激情到平淡的转变，不仅是一种普遍的情感经历，也是心理学研究的重要课题。

一位朋友曾向我们分享他的婚姻经历。他说，尽管自己早已有过心理准备，婚姻在激情之后就是乏味与平淡，但仍一直压抑不住想离婚的念头。他描述了妻子平淡无奇的生活方式：衣服破了才换新的，从不打扮，也不会带给他任何惊喜。而他每次出差回家带的伴手礼，如口红、香水等，妻子没夸过一句，还总是嫌他浪费。

尤其令他失望的是结婚十周年纪念日的经历。他精心策划了一趟前往三亚的旅行，认为这会给死气沉沉的婚姻带来新的活力。他预订了机票和酒店，提前把孩子送到了父母家。当妻子得知这一计划时，她的反应却是愤怒和指责，大吼着让他取消所有预订，并批评他浪费，认为应该把钱用于更实际的用途，有钱旅游不如拿这些钱还房贷。

这次经历让他深感沮丧，认为妻子完全无法理解和欣赏他的努力和用心。从那以后，他再也没有给妻子制造过惊喜，任由日子变得单调无趣，自己在家也得过且过。

美国心理学家亚瑟·阿伦（Arthur Aron）提出过一个"自我延伸模型"，为我们理解婚姻中的厌倦感提供了深刻的洞见。该模型认为：个体在关系中的满意度与自我扩展的机会密切相关。在婚姻的早期，夫妻双方会通过共享新的经验、学习新的知识、探索新的活动来实现自我扩展，从而增强彼此的吸引力。但是，**随着双方越来越熟悉，新鲜感逐渐消退，自我扩展的机会减少，关系中的满意度和活力也随之下降。**

那么，如何才能在婚姻中避免自我延伸机会的丧失、产生浓重的厌倦感？如何才能重燃激情，保持夫妻关系的新鲜感和活力？

美国心理学家罗伯特·斯特恩伯格（Robert Sternberg）说："激情、亲密和承诺是构成爱情的三个基本要素。"在婚姻生活中，如果缺乏持续的激情和亲密感，仅有承诺可能难以维系一段关系的长久。所以，要想让"自我延伸"回归到相识之初，不太可能做得到。但是，避免"自我延伸"的消亡，给到对方一些新鲜感，降低厌倦感，却是有可行方法的。

我们通过访谈发现，那些在长期婚姻生活中能够克服厌倦感、保持亲密关系活力的夫妻，大多拥有以下三个习惯。

1. 注重生活的仪式感

在婚姻生活中，仪式感是一条无形的纽带，它能将平凡暗淡的日子串联成值得回味的篇章。仪式感不仅能增强个体的情感体验、提升生活质量，还特别有助于加深夫妻间的亲密度和承诺。

以张哥和红姐为例，在他们长达二十年的婚姻生活中，尽管平日里异常繁忙，他们始终坚持几个小仪式：每天早晨一起吃早餐、每个周五晚上共同规划周末活动、每月至少安排一次独属于他们两人的约会等。

此外，在一些特殊的日子，他们也很认真地约定了庆祝方式，比如，结婚纪念日时，两个人会互赠手写的情书和小礼物；在对方的生日时，会安排一次特别的旅行，哪怕只是到郊外踏青……通过共同庆祝重要时刻、维护日常小传统等方式，夫妻俩在日常互动中都收获了来自对方满满的爱。**这些仪式不仅让他们的日常生活充满了期待和惊喜，也让他们在忙碌中借由爱的温度有效克服了婚姻中的厌倦感。**

所以，结婚二十年来，张哥和红姐的关系特别稳固和深厚。**他俩表示，是仪式感让他们感到自己在对方心中的重要性，也是仪式感增强了他们对未来共同生活的承诺。**

生活仪式感用于婚姻中，关键在于"生活"两个字，不用大张旗鼓，不必耗费过多，即使是简单的日常仪式，只要双方都愿意维护，也能够显著提升婚姻生活的质量，在平凡的生活中创造出不平凡的意义。**这种持续的情感投入有助于夫妻克服婚姻中的厌倦感，以保持婚姻关系的活力和新鲜。**最终，这些仪式会成为夫妻双方共同回忆的宝贵财富，也是其爱情故事中不可或缺的一部分，每当回想起时又能促使夫妻关系更加和谐。

2. 制造日常小惊喜

在婚姻的长河中，日常的小惊喜如同水面上的涟漪，虽小却能激起层层波澜，为平淡的生活不断地带来新鲜感。不定期的小惊喜能够提升个体的情绪状态，增强与伴侣间的亲密感和满足感。通过创造和体验这些小惊喜，夫妻双方能够持续感受到爱的存在，从而有效地对抗婚姻中的厌倦感。

李峰夫妇在结婚五年后，开始感受到生活的重复和单调，两个人每天的对话来来回回就是那几句。为了重燃婚姻的活力，他们决定在日常生活中创造小惊喜。

李峰开始在妻子每天要背的包里留下小纸条，上面写着温馨的鼓励或表达爱意的话。妻子则为李峰参加了一个线上的早餐制作培训班，每天都欢欢喜喜地准备早餐，色香味俱全。李峰每次看到早餐盘里可爱的小兔子、憨态可掬的小熊，就被逗得哈哈大笑。两个人的早餐时光虽然短暂，却格外温馨与美妙。

他们还约定，每个月至少共度一次"文化之夜"，一起观看电影或参加音乐会。此外，两人也在特殊的日子里为对方精心准备礼物，如妻子为李峰购买了一套他一直想要的电子技术书籍，李峰则为妻子定制了一条特别的珠链，上面刻着两人的结婚纪念日与昵称。

通过制造这些小惊喜，他们发现彼此之间的情感联系变得更加紧密了，生活的平淡被不断的新鲜感和乐趣所取代。

夫妻之间创造意外的喜悦和感动，可以令双方在日常生活中不断地体验到爱和关怀，即使是小小的、不昂贵的惊喜，也能够在夫妻之间产生积极的影响，增强情感联结，从而有效地提升婚姻生活的质量，克服婚姻中的厌倦感，维持关系的活力和新鲜感。

3. 共享新体验

在婚姻的旅途中，共享新体验是一剂强心针，能够激发夫妻间的激情与兴趣，为双方的关系注入新的活力。

通过探索未知和尝试新事物，夫妻双方能够扩展自己的视野，同时也加深了彼此的理解和联系。这种共同的成长和探索，是自我延伸的再次扩展，也是夫妻超越日常生活琐事、增强婚姻新鲜感和满足感的好策略。

林晓夫妻的共同爱好是旅行和摄影。每年，两人都会安排二三次长途旅行，一起去探索不同的文化和风景。在旅行中，他们会品尝当地的美食，参与当地的活动，甚至学习一些基础的当地语言。此外，他们还会一起参加摄影和短视频创作课程，通过镜头捕捉旅途中的美好瞬间，并把它们制作成精美视频。在丈夫的镜头里，林晓总是又美又飒，笑得很开心。

在日常生活中，他们也不断尝试新事物，如丈夫小时候学过街舞，林晓在学习瑜伽的时候，发现瑜伽馆的隔壁就有一家成人舞蹈室。她和丈夫商量后帮他报名参加了舞蹈课程。在某个休息日，两个人到对方的教室试了试新课，之后，林晓成了街舞的学员，而丈夫也变成了瑜伽教室的常客。这些共享的新体验不仅丰富了他们的生活，也加深了他们的情感联系。

林晓说，自己的婚姻充满了活力和乐趣，似乎总是玩不够。尽管不知道下一次体验的是什么，但只要一想到对方会陪着自己一起去体验，就会很开心。**共享新体验的做法，令他们感受到了彼此关系的美好，因此他们始终保持着对生活的新鲜感和自我成长的可能性。**

诚如林晓所言，共享新体验的核心在于鼓励夫妻双方一起去探索未知，新体验不需要多么复杂或昂贵，**关键只在于两个人的乐意陪伴与共同参与。**

婚姻是一段相知相伴的漫长旅程，"自我延伸"的机会在旅程途中会逐渐减少，导致新鲜感不再。所以，每一段情感都极可能经历从激情到平淡的转变。不过，也正是这个转变，为我们提供了成长与深化关系的契机。我们可以通过生活中的仪式感、日常的小惊喜以及共享新体验，来为婚姻生活不断注入新活力，增强情感深度和持久性。

婚姻不仅是一份承诺，更是一场共同的探索和成长之旅。愿每一段婚姻都能像初次相遇时那样，永远充满期待和惊喜。

2.4 富兰克林效应

学会给平淡的婚姻制造一点小麻烦

学员"小荷露"曾在我们的陪伴社群里说,在外人看来,她与丈夫是一对恩爱无比、彼此尊重的模范夫妻。然而,真相却是她感到自己与丈夫之间的隔阂日益加深,两人相处时常常无言以对,沉默成了常态。

得到小荷露的授权后,我们整理了她的故事:她的丈夫是一个极具责任感的男人,默默承担着家庭的经济重担。但他总是独自一人面对经济压力,从不让妻子为金钱问题担忧。一次偶然的机会,小荷露无意中听到丈夫与朋友的通话,这才发现丈夫深藏心底的秘密——他一直怀揣创业梦想,但为了家庭的稳定,他选择了更为稳妥的道路,放弃了追逐梦想的机会,他很难受也很迷茫。但这一切，他从未与妻子谈过。

出于对丈夫的体贴，小荷露也总是把他的需求放在首位。她内心其实也有着创业的梦想：她想开一家小咖啡馆。但每当丈夫问及她的愿望时，她总是轻轻摇头，说现在很好，自己什么都不需要。他们都在用自己的方式默默关怀对方，避免成为对方的负担。然而，这种无声的体谅逐渐拉开了两人的距离。

小荷露说，她发现两个人其实已经变得很疏远了，有心里话都不会跟对方讲，就像是婚姻中最熟悉的陌生人。

在亲密关系中，过度独立和自我牺牲都可能导致彼此间的情感断裂。真正的亲密关系需要的不仅是尊重和体谅，还需要相互间的依赖和"麻烦"，这样关系才能稳固和充满活力。正如心理学上的"富兰克林效应"所揭示的：那些帮助过你的人，对你的好感度会增加，甚至愿意再帮你一次。

将"富兰克林效应"应用于婚姻关系，也就意味着：自我牺牲和过度体谅虽看似体现了对伴侣的深爱，但实际上也可能会导致双方情感需求得不到满足。事实上,夫妻间彼此"麻烦",反而能使彼此间的情感联结、亲密感更强。

婚姻中的独立性固然重要,但适度的依赖对维持关系同样重要。具体要如何做呢?以下三种方法,供你参考。

1. 开启"互助合作模式"

在婚姻关系中,互助合作模式是强化夫妻情感联结的有效策略。通过共同面对生活挑战和难题,双方不仅能增强相互理解,还能在解决问题的过程中加深依赖。

周杰和吴倩步入婚姻后就约定好:今后会共同面对每一个挑战,无论是职业发展上的困难还是家庭生活中的决策。某天,吴倩希望在家中开设一个小型工作室,但又担心这会影响家庭的日常生活。周杰当时并没有简单地表示支持或反对,而是与吴倩一起探讨、分析她这个想法的可行性。周杰列出了包括成本、空间安排和潜在的家庭影响等因素,吴倩看后,就跟他一起制订了一份详细的计划，包括预算、时间表和应对突发情况的策略等。

整个过程中，吴倩感受到的是周杰的接纳和允许，他虽然在嘴上没有明确说出支持，但他认真参与的行动已经表明了态度。周杰也通过这件事更加了解了吴倩的梦想和需求。这一段共同解决问题的经历不仅让他们的家庭生活规划变得周详，也大大加深了彼此间的情感联系。

周杰和吴倩婚姻美满的秘诀，就在于建立了"互助合作模式"这一种积极的互动方式。**需求方在需要时能大大方方地向伴侣请求支持，而被需求方也非常乐于提供帮助，彼此相互依赖、充分信任的做法使得他们的婚姻更加稳固和充满爱意。**

通过互助合作模式，夫妻双方能够更好地利用"富兰克林效应"，建立起更健康、更持久的婚姻关系。并且，在面对问题时双方共同协作，有利于实现个人成长与亲密关系层面的双重飞跃。

2. 日常多做"依赖性表达"

依赖性表达,是婚姻中一种微妙而强大的互动方式,它能够让夫妻双方感受到彼此的重要性和必要性。通过明确表达出对伴侣的依赖,夫妻之间的关系会得以加强,从而建立起更深层次的情感连接。

陈逸和唐巧巧的日常生活就充满了对各自需求的直接表达。唐巧巧在设计一个复杂的室内装修项目时,遭遇了一些技术上的难题。她选择直接向陈逸求助:"亲爱的,我需要你的帮助,这个3D模型我做不来,你的技术比我强多了,你不忙的话来帮帮我吧。"陈逸总是很乐于提供帮助,并在解决问题后,告诉唐巧巧解题的思路。唐巧巧也会及时送上对丈夫的肯定和感激:"没有你的帮助,我可真的不知道该怎么交作业,你真是太棒了!"

有一次,陈逸要准备一个重要的工作演讲,他在家里练习,可是越练越感觉到紧张。于是,他向唐巧巧表达了自己的需求:"巧巧,我需要你的支持,你来做观众,帮我练习一下演讲,好吗?"唐巧巧同样很支持,她放下手中的工作,全心帮助陈逸筹备。在练习结束时，陈逸感激地回应："谢谢亲爱的，我感觉好多了，你的支持对我来说非常重要。"

此外，唐巧巧也会在日常生活中创造机会向陈逸表达她的依赖。例如，当她在厨房准备晚餐时，她会特意请求陈逸帮忙："你能帮我切一下这些蔬菜吗？你的刀工比我好。"在陈逸完成后，唐巧巧会给予他一个拥抱，并说："你可真是个好帮手，没有你，傻傻的我可怎么办呀？"

时间渐长，这类日常小事让陈逸和唐巧巧形成了一种相互支持的正循环。他们不仅在大事上互相帮助，在小事上也不忘表达对对方的依赖和感激。**这种互动模式让他们的关系更加紧密，他们深知自己在对方生活中的重要性，也很乐于在需要时向对方寻求支持。**

在婚姻中，适度依赖对方，不仅能满足双方的情感需求，还能激发彼此的保护欲和满足感。在日常要多做"依赖性表达"，好好利用"富兰克林效应"，让婚姻关系变得更健康与持久。

3. 定期应对挑战与冒险

通过共同面对新挑战和冒险，夫妻双方都能够激发各自的创造力和团队精神，同时加深相互间的依赖和信任。这种方法不仅有助于打破日常生活的平淡，还能够增强夫妻的情感联结，从而提升婚姻的满意度和幸福感。

王静是一名资深驴友，她从小就喜欢游山玩水、四处旅行，她的丈夫徐波则是一位优秀的潜水教练。他们的婚姻生活充满了挑战和冒险。尽管小王每次提出的旅行活动都伴有风险，但徐波始终是她最坚定的支持者和同行伙伴。

王静说，记忆最深的一次是她想去马尔代夫潜水。她原以为丈夫会反对，毕竟潜水具有危险性，而且，当时徐波有工作不能陪伴，她要独自出发，会产生长时间的分离和对家庭的思念。

但徐波并没有反对，他一直帮助王静进行严格的体能训练和心理建设。"徐波的支持对我来说至关重要，他的帮助和鼓励是我能够面对挑战的最大动力。"而在王静成功潜入海底，圆了梦想之后,徐波也表达了自己对她的依赖和信任:"我为她感到骄傲,她的勇气和决心也激励着我不断前进。"

除了潜水,他们还一起参与其他的户外活动,如徒步和马拉松,这些共同的挑战和冒险成为他们婚姻中不可或缺的一部分。通过活动,两人不仅加深了对彼此的了解,也增强了情感联结。

在日常生活中,夫妻双方可以通过安排共同的旅行、学习新技能或参与体育活动等方式,创造挑战和冒险的机会。这些活动不仅能够为婚姻生活带来新鲜感,还能够提供一个平台,让夫妻双方展现对对方的依赖和支持,进而提升婚姻的质量和幸福感。

在婚姻的旅途中,真正的亲密关系不仅仅建立在尊重和体谅之上,更在于双方的相互依赖和愿意为对方"制造小麻烦"。通过"互助合作模式"、"日常依赖性表达"和"定期应对挑战与冒险",夫妻双方能够在日常生活中不断地加强情感的纽带。

婚姻不是一个人的独角戏,而是两个人的共同舞台。在这个舞台上,夫妻双方应该勇于表达自己的需求,敢于向对方寻求帮助，乐于接受对方的依赖。适度的依赖和相互麻烦是婚姻的调味剂，这些能为平淡的生活增添趣味，为亲密关系注入活力，激发双方的保护欲和满足感，增强彼此的存在感、价值感，从而建立起更加稳固、充满活力的婚姻关系。

2.5 罗森塔尔效应
高级的期待，是发自真心去夸对方

"每次都是我独自处理一切，你就不能主动帮忙一次吗？"

"你总是这么不负责任，家里的事情都不关心一下！"

"每次都要我提醒你，你就不能自己想起来吗？"

这样的对话，是不是经常发生在你和另一半的生活中？在婚姻中，非暴力沟通是构建关系桥梁的关键。当这座桥梁承载了过多的批评、指责和负面情绪时，它便可能会坍塌，留给双方的只剩下疏远的鸿沟。

著名的关系研究专家约翰·戈特曼曾长期大量观察夫妻之间的沟通模式，他会邀请夫妻双方到实验室，进行自然的沟通交流。整个过程中，夫妻的对话、表情、身体语言甚至生理反应（例如心跳速率）都会被一一记录下来。戈特曼从这些对话中发现，批评、蔑视、防御、冷漠这四种负面沟通模式对婚姻关系的破坏最严重，特别是一方的蔑视，会对另一方的尊严造成极大的伤害。在健康稳定的关系中，积极对话与消极对话的理想比例应不低于5∶1。这也就意味着，婚姻中的积极交流是维持和谐关系的重要指标。

心理学中有一种现象被称为"罗森塔尔效应"，又称"皮格马利翁效应"，与戈特曼的研究发现不谋而合。这一效应指的是：当一个人用信任、赞美、期待等积极的心理暗示来进行沟通，可以使他人的行为朝着自己所期待的方向改变。在婚姻关系中，这一效应尤为显著。当你对伴侣抱有积极的期待，并以赞美、鼓励和信任的方式进行沟通，你的伴侣很可能会以更加积极的行为回应你的期待。

如何更好地将罗森塔尔效应应用于亲密关系中呢？我们可以采取以下三个策略。

1. 具体化肯定与赞美

积极肯定与赞美是维系、增强夫妻感情的强有力工具。当我们对伴侣的行为给予正面反馈时，他们更有可能重复这些行为。

赵明在一家知名科技公司担任程序员，尽管工作繁忙，他仍然努力参与家务和育儿过程，妻子李芳就通过日常赞美来表达她的感激之情。下班后，赵明经常会帮助李芳准备晚餐。李芳注意到了这一点，她不仅会在孩子面前对丈夫给予具体表扬："今天是爸爸做饭呢，他的手艺越来越好了，特别是红烧茄子，简直是可以媲美餐馆的水平，真好吃呀，是不是儿子？"还会在私下面对面直接地表达："亲爱的，今天你主动做饭，让我能有时间休息了一会儿。我原本站了一天，觉得好累，现在感觉好多了。谢谢你。"这种具体而真诚的赞美，让赵明感到自己的贡献被认可了，激励着他继续在家庭生活中扮演积极角色。

此外，李芳更会给予他公开的认可。在某次家庭聚会上，李芳当着家人的面说："阿明不仅是一位出色的丈夫，也是一位了不起的父亲。多亏他每次去学校参加活动，儿子的同学可羡慕他了！阿明对家庭的付出和对孩子的关爱，让我感到非常骄傲。"这种公开的认可增强了赵明的成就感，也深化了他对家庭的承诺。

赵明也会对李芳表达积极的肯定，鼓励她追求个人兴趣。当李芳在业余时间完成项目，或在工作中获得成就时，赵明总是第一时间向她表示祝贺，并在社交媒体上分享他身后有一个厉害的贤内助，将妻子的成功广而告之，让朋友们都能看到李芳的成就。

赵明和李芳通过相互赞美和肯定，不仅促进了对方的个人成长，也加深了婚姻的和谐关系。

在亲密关系中应用"罗森塔尔效应"虽好，但也有以下几个注意事项。

①具体化肯定与赞美应该基于真诚，避免夸大或虚假，确保赞美是发自内心的。要明确指出对方值得称赞的具体行为或特质，

而不是笼统的称赞。

②赞美要及时。当伴侣表现出值得肯定的行为时立即给予反馈，以加强赞美的效果。

③赞美的方式要多样化，使用不同的语言和行动来表达，以保持新鲜感和吸引力。

④赞美的频率也很重要，赞美不应过度也不宜过少，要掌握合适的度。

⑤赞美应该是无条件的，不与物质奖励挂钩，真诚的言语本身就是一种强大的激励。

⑥要避免条件性的赞美，不要将其作为操控或交换的工具。同时，要注意伴侣对赞美的反应，倾听他们的反馈，并适时调整赞美的方式。

⑦赞美也可以是鼓励伴侣成长的一种方式，鼓励对方尝试新

事物或克服挑战，促进彼此的共同成长和发展。

2. 用微小行为表达爱意

在婚姻生活中，微小的行为也可以成为表达爱意的强有力方式。行为虽小，却能够在日常细节中体现出对伴侣的关心和体贴。

刘强夫妇就是通过日常的小行为来维系和加深彼此感情的。刘强是一名会计，妻子佳佳是一位小学音乐老师。他俩工作都很忙，仍总是设法在日常生活中找到表达爱意的机会。

佳佳知道刘强喜欢在早晨阅读报纸，她会每天提前起床，为丈夫准备一杯热咖啡和一份早餐，让他能在吃早餐的间隙看一会儿报纸。刘强对此深感珍惜，他知道这不仅仅是一顿早餐，而是妻子对他的爱和关怀。刘强了解到佳佳喜欢在工作间隙听轻音乐进行放松，他就经常给她留便条，上面写着鼓励的话语或是一首小诗，然后贴在她的耳机盒上。这些字句，让佳佳很开心，她感到被爱和被理解。

他俩还会根据对方的个性和喜好，进行个性化的关怀。比如，刘强会在佳佳的包里偷偷放入她喜欢的零食，佳佳则会为刘强准备他最喜欢的球队比赛的门票作为惊喜。

由此可见，以微小的行为来表达爱意是一种简单却有效的方式，下面分享几种途径。

①认真倾听伴侣说话，即使是日常琐事，也认真听完并给予回应，这样能让对方感受到被重视和理解。

②主动分担家务，哪怕是简单的洗碗或倒垃圾，也能让伴侣感到被支持和尊重。

③适当的身体接触，如拥抱、牵手或轻拍背部，可以传递温暖和安慰。

④与伴侣共享兴趣或爱好，无论是一起散步、看电影还是参

加某个活动,都能增加彼此的了解和亲密度。

⑤在日常生活中表达关怀,如询问伴侣一天的情况,关心对方的健康和情绪状况。

⑥在家庭决策中共同承担责任,让伴侣感受到平等和尊重。

这些简单的行为,不仅能表达爱意,还能加强夫妻情感联系。行为虽小,却能在细节里体现出关心、体贴,培养出深层次的亲密感,建立起更稳固的夫妻关系。

3. 多做正反馈循环

"正反馈循环"是一种积极的交流方式,我们可以通过正面认可来增强夫妻间的情感联结。

在婚姻关系中,及时给予正反馈不仅能激励伴侣继续积极行为,还能增强双方的好感与依赖。运用这种方式沟通,也正是"罗森塔尔效应"在亲密关系中的有效应用,能营造出更和谐的支持性环境。

大鹏和苏菲就十分擅长通过正反馈循环来增强彼此的情感联系。

大鹏是一位忙碌的企业家，苏菲是一位自由撰稿人。尽管夫妻双方的工作时间和节奏不同，但两人一直很恩爱。从谈恋爱起，苏菲就发现，每当大鹏解决好问题，她及时送上正反馈，就能让他感到被爱和被尊重。

例如有一次，当大鹏完成了一天的紧张工作后与苏菲通话，他得知她家水龙头坏了，二话没说，就赶过去修理。看着满头大汗的大鹏，苏菲立刻表达对他的感激之情，还向他展示她对这一行为的重视："亲爱的，真的很感激你在忙碌之余还抽时间过来帮我修理水龙头，这对我来说意义重大。"

在婚后，大鹏依旧忙碌，而苏菲也照样给予他及时的正反馈。某次，依然是家里的水龙头坏了，也依然是紧张而忙碌地工作了一天，大鹏回到家得知情况后便立刻动手修理。苏菲诚挚地对丈夫表达自己的感激："老公，你这个样子，让我想起咱俩谈恋爱那会儿，那天你也是这样，迅速修理好了水龙头。谢谢你，谢谢你为这个家做的一切。我爱你。"

大鹏在面对苏菲时，也很懂得给予即时的正反馈。他知道妻子喜欢写作，每当她在写作上取得进步或发表了一篇文章时，他总是第一时间就送上赞美："老婆，看你的文章总能给我带来新的视角，我为你的才华和努力感到骄傲。"

在遇到分歧时，他们的解决方案是避免负面批评，而采用建设性反馈。大鹏说，他相信，强化积极行为，不揪着错误不放，可以更有效地促进与妻子的关系发展。

事实也正是如此，在将近六年的婚姻生活中，大鹏和苏菲两人通过及时的正面反馈、强化积极行为以及避免负面批评，建立了相互鼓励的沟通模式，让亲密关系保持着持久与稳定，收获了美满与甜蜜。

将"罗森塔尔效应"应用在婚姻中不仅是一种沟通技巧，更是生活艺术。它要求我们在日常互动中不断给予伴侣正面期望、正面反馈，以此来激发对方的潜能和积极性，营造充满爱与支持的成长型伴侣关系。

通过运用"罗森塔尔效应"，夫妻双方可以学会更好地相互理解、相互支持，以积极交流来激发彼此最好的一面。这样的婚姻关系，将会在时间的长河中不断成长与深化，成为夫妻双方最宝贵的财富。

2.6 透明度错觉

婚姻中真正的心有灵犀是有话直说

在感情的世界里,我们常常渴望与伴侣之间能够达到一种不言而喻的默契。然而,结果往往不如人意。很有可能,当你在发出某种暗示或信号希望伴侣能有所回应时,对方却是浑然不觉。于是,我们会有期待落空、心理体验不佳等感受。

对于这种期望与现实之间产生差距而影响情绪的现象,我们用心理学中的"透明度错觉"可以很好地解释。美国社会心理学家海蒂·格兰特·霍尔沃森(Heidi Grant Halvorson)指出,透明度错觉是指个体错误地假设他人能够准确理解自己的感受和想法,即便自己并没有明确表达出来。这种错觉导致我们在沟通时高估了非言语信息的传递效果,误以为我们的心思和需求能够被

对方清晰地感知。

在前面提到的约翰·戈特曼的实验中,40 年来,他和同事们跟进、观察、记录了 3000 段亲密关系,最后得到了一份西雅图爱情实验室的心理学报告。他的著作《爱的八次约会:创造一生的亲密关系》就诞生于此。

戈特曼在书中提出,要维持一段长久的亲密关系,最重要的是对彼此永远感到好奇,不要停止对话。

对于对话时聊什么,戈特曼在书中给出了 8 个伴侣间的重要话题:如何彼此信任、如何面对冲突、怎么谈性爱、如何看待金钱,以及家庭、娱乐、成长、梦想。

从戈特曼的实验中我们不难看出直接沟通的重要性。即便是最亲密的伴侣也无法总是准确猜测到对方在想什么。

在婚姻关系中,真正的心有灵犀并非来自猜测和暗示,而是来自坦诚和直接的交流。夫妻之间的争执往往不是因为不愿付出,而是沟通不畅和误解导致的。为了克服"透明度错觉"带来的挑战，夫妻双方需要学会有话直说，明确表达自己的需求和期望。

你可以通过以下三个方式，打破"透明度错觉"的束缚，在婚姻中实现真正的沟通，营造充满爱、信任和尊重的夫妻关系。

1. 直接明确地表达需求

夫妻双方都需要学会明确表达自己的需求，直接沟通能减少误解，增进亲密度。以阿伟和刘芸为例。婚后，刘芸感到阿伟经常忽视她的感受，尤其是在她需要支持和陪伴的时候。刘芸决定采取行动改变这种状况，于是她做了下面两件事。

第一，直接表达具体化需求。在一次晚餐时，刘芸直接向阿伟表示，她希望在每周三和周六的晚上，两人能够一起度过不受打扰的"夫妻时间"。

第二，提供具体示例。刘芸给出了具体的活动建议，比如在

"夫妻时间"一起做饭、散步、观看电影……以此来帮助阿伟理解她的需求。

阿伟听后感到有些惊讶,因为他并没有意识到刘芸会有如此深的被忽视感。他同意尝试听从刘芸的建议,并在接下来的几周里认真实施。

当两人开始改变、共同享受他们的"夫妻时间"后,这一行动,显著提升了他们的关系质量。

通过直接表达具体化需求、提供具体示例,刘芸成功地向阿伟传达了自己的感受与期望,从而减少了"透明度错觉"带来的误解。所以,直接沟通这种方式,能让夫妻双方创造更和谐、更亲密的婚姻关系,有效应对"透明度错觉"在婚姻中带来的挑战。

2. 积极倾听与反馈

在婚姻关系中,"透明度错觉"可能会导致伴侣之间形成误解和沟通障碍。积极倾听与反馈是克服这一问题的有效沟通策略，它要求我们全神贯注地倾听伴侣的话语，然后提供建设性反馈。

著名演员吴京和主持人谢楠曾合体参加了综艺节目《幸福三重奏第三季》，在节目中他们夫妻二人展现了亲密关系的相处之道。制片人张家宁提到，吴京和谢楠在婚姻初期也曾经历过磨合，但他们很懂得用开玩笑与互怼的方式来调侃、化解矛盾。夫妻两人都很重视倾听对方，并给予正向反馈，这是吴谢夫妇感情保鲜的关键。在节目中，吴京对谢楠"苦心劝饭"的场面令观众们印象深刻，这的确展现了两人的积极交流与相互理解。

韩少良和司媛媛结婚五年后，感觉到彼此沟通出现了障碍。韩少良常常加班到很晚，司媛媛很孤独，感到自己被忽视了。她向韩少良表达被忽视的难受。韩少良这才发现，自己把全部时间和精力都用在了工作上，的确很久没有跟妻子"约会"了。

为了改善状况，韩少良向我们求助，我们提供了如下行动步骤的建议。

①**全神贯注地倾听**：当韩少良有时间在家时就选择放下手机和排除其他干扰，全神贯注地与妻子交谈、陪伴家人。

②**重复确认**：在每次的重要对话中，韩少良可以有意识重复一遍妻子的话，以确保真正理解她的意思，比如："你刚才说那个同事的事，是想说这段关系给你造成的压力很大，我理解得对吗？"

③**提供反馈与情绪价值**：在妻子分享工作或个人感受后，他需要提供积极反馈并给予情绪价值，比如："看整个项目进程，你真的很辛苦。你的小组同事的工作确实是没有做到位。每天工作那么累，回家还要做饭，亲爱的，谢谢你。我很感激你为这个家所做的一切。"

在妻子感到被理解和支持后，他更加注意安排好时间。在工作之余，他不忘倾听司媛媛的需求和感受。两人间的沟通逐渐变得频繁、顺畅，关系由此更亲密了。

通过"全神贯注地倾听""重复确认"和"提供反馈与情绪价值"等行动策略，韩少良认真纠正自身行为，尽力抚平妻子的被忽视感,让她感受到被理解。得到关注的司媛媛,也相应给了丈夫更多的关怀。这一方法的实践,让夫妻俩建立起更加坚实的信任基础,更有效地理解对方的内心世界,减少了"透明度错觉"带来的误解与猜疑,从而促进婚姻关系更为和谐与稳定。

3. 定期进行开放式对话

"透明度错觉"之所以会导致夫妻间的误解和疏远,是因为人们会错误地认为:亲密关系中,对方就应该能够洞察自己的心思。

林徽因曾向她的丈夫梁思成坦白,她同时爱上了两个人,其中一个就是近现代哲学大家金岳霖。梁思成经过深思熟虑后,告诉林徽因她是自由的,并表示如果她选择了金岳霖,他会祝愿他们永远幸福。然而,当林徽因将梁思成的决定告诉金岳霖时,金岳霖选择了退出,因此他认为梁思成是真正爱林徽因的人,并表示林徽因不应该伤害一个真正爱她的人。

这个故事体现了伴侣间开放式对话的作用，即**在亲密关系中存在着一种坦诚、尊重的沟通方式，允许彼此表达真实的情感，并共同寻找最符合所有人利益的解决方案。**

定期进行开放式对话，旨在鼓励双方坦诚地分享自己的感受、想法和需求，增进相互理解。安杰和梅菲尔结婚多年，随着时间流逝，两人发现彼此的沟通越来越少，距离在拉大。我们提供了一些方法给他俩，在照做之后，关系改善效果明显。以下，是安杰与梅菲尔实施的方法。

首先，安排对话时间。他俩约定好，每周都安排出一个固定时间，进行无干扰的开放式对话。

其次，真诚分享感受。在对话中，安杰和梅菲尔轮流分享自己的工作挑战、家庭感受和个人愿望。

最后，探讨解决方案。夫妻双方共同探讨遇到的问题，并尝试找到彼此都满意的解决方案。

在一次对话中，梅菲尔表达了她对安杰经常加班的担忧，安杰则分享了他对家庭经济压力的顾虑。通过开放式对话，他们意识到彼此都需要更多的支持和理解。于是，在对话结束的第二天，这对小夫妻就一起着手制订家庭预算，并为对方的工作提供更多的支持。

通过"安排对话时间""真诚分享感受"和"探讨解决方案"，安杰与梅菲尔成功克服了"透明度错觉"带来的误解，清晰理解彼此的需求，建立起更加坚实的信任基础。每个人都能够借由定期的开放式对话，创造更加和谐、亲密的婚姻关系。

在婚姻生活中，真正的心有灵犀来自双方的坦诚交流和相互理解。学会表达自己的感受与需求、倾听伴侣的心声，既能打破"透明度错觉"的束缚，又能让夫妻关系变得坦诚、亲密与满足。

第三章

真正的成长，
是优于昨天的你

关 系 的 重 建

3.1 逆向亲密效应
舒服的关系,贵在争执不留痕

韩剧《告白夫妇》中有这样一段情节:风雨交加的夜晚,女主珍珠的儿子发高烧、呕吐不止。珍珠焦急地多次拨打在外应酬的丈夫半岛的电话,但始终无人接听。无奈的珍珠只好独自带儿子冒着狂风暴雨去医院。安顿好孩子后,半岛仍未回电,反倒是在外聚餐的好友给珍珠发来了一张照片,照片中半岛正亲密地搀扶一个漂亮的醉酒女人。

珍珠怒火中烧,等半岛回到家,立即冲上前质问他。半岛没有耐心解释,他同样大发脾气,冲珍珠怒吼,指责她不懂事,不体谅他在外工作的辛苦。之后的日子里他们几乎天天争吵。虽然醉酒事件的真相很快浮现:半岛不过是参加公司部门聚会,最后扶女领导上车而已,但他俩的感情已经在多次争吵中摇摇欲坠。珍珠一遍遍回忆初识时的相爱,对现在的半岛越来越不满,于是她在崩溃中愤然提出离婚。

这个故事生动展现了很多人的现状:爱得越深,恨得越深。在心理学上,这被叫作"逆向亲密效应",它描述的是:人们在亲密关系中,随着感情深入会出现一种相反的情感反应,即原本深爱的人可能因各种原因而产生疏远、冷漠甚至仇恨的情感。

在亲密关系中,有时会出现一方对另一方付出过多,而另一方却未能给予相应的回应和回报的情况。这种情况下,付出的一方会因为感到失望、不满而产生负面情感,进而引发"逆向亲密效应"。但这并非是不可缓解或避免的,我们可以使用以下三个有效策略来应对,以维护关系的稳定和健康。

1. 共同达成"紧急联系协议"

我们知道,日常生活里总是会无可避免地出现一些紧急又严重的事情，但越是这种时候，越需要"先解决事"，而不是"情绪上头"。在上述韩剧故事中，珍珠的情绪源头是儿子病了、外面又狂风暴雨，遇此危急情况，丈夫半岛却失联了，然后，再加上好友传来的"搀扶照"，便与丈夫产生误会，她的情绪也就一触而发。而半岛回到家遭遇妻子指责，如果他能先解决妻子的情绪问题，做好安抚与解释，事情就不会往关系恶化的方向发展。

这个故事还带给我们另一个启示：未雨绸缪，预先达成"紧急联系协议"。

无征兆失联在亲密关系中是一种极具破坏性的行为，它违背了亲密关系中的信任和安全感基础。心理学中的依恋理论指出，人们在亲密关系中寻求稳定性和可预测性，而无征兆失联恰恰破坏了这种稳定性，导致伴侣感到被遗弃和不安全。比如，在一段婚姻关系中，如果一方经常无预警地不接电话或不回信息，甚至在重要时刻如家庭聚会时也无故缺席，那么这种行为会逐渐侵蚀另一方的信任感和归属感。

人们应该意识到，即使在最忙碌的时期，也要保持基本的沟通，这是维护关系的必要条件。所以，事先共同达成"紧急联系协议"是维护亲密关系中的一项至关重要的策略。

这份协议，能保障当伴侣遇到紧急情况或需要支持时，及时联系到对方。艾米莉和其丈夫阿汤是忙碌的职场人士，经常出差和加班。某个傍晚，阿汤的老父亲上洗手间时突然滑倒，导致神志不清，而阿汤在出差途中无法接听电话。艾米莉无助又焦虑，但还是硬撑着独自送老人入院并负责照顾他。

这次经历让两人意识到，无论发生什么，都需要有一个可靠的紧急联系计划。为避免类似困境出现，艾米莉和阿汤共同达成了"紧急联系协议"。他们约定如下。

①无论多忙，紧急情况下必须第一时间回应对方。

②设置特别的紧急联系信号，比如连续拨打三次电话，表示情况紧急。

③梳理并确定各自的支持网络，比如亲戚、邻居或亲密朋友，

约定好在无法直接联系到对方时，可以寻求"支持网络"的帮助。

通过这份协议，两人的关系变得更加稳固，因为他们知道：无论何时何地，紧急情况下总有一个支持系统在背后提供帮助。

"紧急联系协议"不仅是亲密关系的关键组成部分，还是缓解与避免"逆向亲密效应"的好策略，它体现了伴侣之间的相互关怀和责任感。通过制订明确的沟通规则、支持系统，让人们能够在紧急情况下迅速响应、减少不必要的焦虑和误解、增强关系的安全感，也是对彼此承诺与信任的体现。

2. 积极错觉管理

积极错觉管理是一种心理学策略，它基于认知失调理论，认为在亲密关系中，人们能通过维持积极看法，即使这些看法可能不完全符合现实，去促进关系的满意度和持久性提升。

这个策略鼓励伴侣们专注于对方的优点与关系中的积极方

面，而不是一味挑剔缺点、问题。温楠和谢涛是一对已婚六年的夫妻。在婚姻生活中，尽管他俩都知道对方并非完美，但他们却总是选择去强调对方的积极品质，如善良、幽默、责任感。每次同学聚会，我们都感觉他俩"又比上一次更恩爱了"。当被问及婚姻保鲜的秘诀，温楠笑着说，其实，就是"眼不见为净"，不要过分关注小缺点，多看他好的方面。而谢涛更是一个"宠妻狂魔"，在他的社交平台，记录着的全部都是温楠的点点滴滴，在他的视频里，温楠虽然不是一个完美的人，但却是他"最完美贴合的爱人"。

温楠与谢涛结婚多年，却依旧能很好地维护亲密关系，正是应用了"积极错觉管理"来增强彼此的吸引力与亲密感。

虽然在"积极错觉管理"的过程中，我们强调积极品质，但这并不意味着要去忽视问题或冲突，而是希望我们能以一种更加具有建设性和支持性的方式来处理它们。我们鼓励一方用更宽容、更欣赏的眼光看待对方，是因为这有助于缓解日常生活中的压力和矛盾。比如，若一方在工作中遇到挑战，另一方能积极鼓励、大力支持，而不是批评或指责，会更有利于攻克难关。就如同冯骥才所说："他俩仿佛倒在一起的两杯水，吵架就像在这水面儿上划道儿，无论划得多深，转眼连条痕迹也不会留下。"

"积极错觉管理"是一种有效的亲密关系策略，这种策略不是盲目乐观，而是一种有意识的选择，重在关注、强化关系中的积极因素。通过这种方式，人们能够建立起更加稳固和满意的亲密关系。

3. 自我披露螺旋

自我披露螺旋理论认为：个体在与他人建立关系时会经历一系列由表及里的披露层次。在亲密关系中，随着信任的增加，人们愿意向伴侣分享更多深层次的个人想法、感受和经历。比如，一对情侣在刚开始约会时，可能只会分享一些基本的个人信息，如工作、爱好等。随着关系深入，他们开始分享更私人化的内容，如家庭背景、过去的经历，甚至是个人的恐惧或梦想。

在我们的社群里，大光和湘灵是一对"00后"恋人，他俩虽同城，却相隔五十多千米。每天过着快节奏的实习生生活，因工作繁忙，他们很少见面。两人也大多是依靠微信来谈恋爱。起初，对话内容只停留在日常琐事，比如工作、账单和自己的学校。随着时间推移，他俩意识到这样的交流虽然必要，却无法触及心灵深处的需求。

一天晚上，大光鼓起勇气，向湘灵讲述了他的一个秘密——他一直梦想成为一名画家，却因为家人的期望选择了一条更稳定的职业道路。湘灵被他的坦诚所打动，也分享了自己在大学校园里的一段失败的恋情，以及那段经历如何影响了她对爱情的看法。

这次深入对话像一把钥匙，开启了他们之间更深层次的交流。他们开始定期安排"心灵对话之夜"。在这个时间段里，两人不谈琐事，只是深入探讨各自的梦想、恐惧和感受。他们倾听、理解，更逐步学会了在过程中支持对方。一年后，两人喜结连理。

婚后，大光和湘灵也依然保持着"心灵对话之夜"的习惯——每周选出一个晚上，真实坦诚地沟通。大光说，他发现，这个方式令他和湘灵的亲密关系变得更为牢固了。他们不再是仅仅分享日常的伴侣，而是成了彼此最坚定的支持者、最亲密的朋友。

这个案例中，大光湘灵两人从恋爱到结婚，是通过定期深入对话，来逐渐打开心扉，分享彼此内心世界的。这种逐步深入的自我披露不仅加深了他们的相互理解，也增强了他们在情感上的联系。所以，"自我披露螺旋"不仅是一种理论概念，它还是一种实践方法，能够让人们在亲密关系中找到深度和真实性。

这种螺旋式的披露过程，保障人们都能在安全、支持的环境中探索自我，理解接纳对方。"自我披露螺旋"不仅有助于解决夫妻关系中可能出现的问题，还能够为双方提供持续成长和发展的机会，共同构建一个更加坚实和满意的亲密关系。

家是我们的避风港。萧伯纳说，家不仅能够包容我们所有的缺点和失败，更满溢着甜蜜的爱意。只是，当爱情被生活的琐碎所侵蚀，当付出得不到相应的回应，那曾经如诗如画的甜蜜画卷，是否会变得丑陋不堪？爱之深，恨之切，"逆向亲密效应"让无数人为之心碎。不过，它并非不可避免。共同达成"紧急联系协议"、做好"积极错觉管理"、进行螺旋式"自我披露"，我们能借助这些有效的心理学策略，在亲密关系中找到幸福的方向。

在婚姻的世界里，我们或许无法避免风雨的侵袭，但只要我们懂得如何经营关系，如何相互扶持、共同成长，那么，我们便能够经受住时间的考验，绽放出更加绚烂的光芒，书写出属于自己的幸福篇章。

3.2 猜疑效应

为何你总是猜来猜去？别让疑心毁掉婚姻

兰秀曾因男朋友的过度猜疑而求助于专业的情感咨询师。他们原本彼此深爱、关系和谐，但兰秀偶然发现家中有摄像头的事件，暴露了对方的不信任行为。男朋友的解释是：因两人没有同居，兰秀独自居住在出租屋，出于对她美貌的担忧和对关系的珍视，他就安装了摄像头。兰秀虽然能理解男朋友的心理，但无法原谅他，因为这种行为显然侵犯了她的隐私，也破坏了双方的信任基础。

莎士比亚曾说，猜疑会让你失去一切。在人际关系尤其是亲密关系中，猜疑心理可能导致个体陷入一种自我强化的循环。**心理学中的"猜疑效应"指的是个体会基于某种假设，不断寻找证据以支持该假设，从而形成一种闭环的负面思维模式。

猜疑是亲密关系中的一个常见问题，曾有媒体报道，有名男子在婚姻关系中感受到不安全，于是他采取极端行为来试图控制局面——他总是尾随妻子去公司。这种过度的监控行为源于他自身的不安全感和害怕失去对方。然而，这样做的结果不但无助于关系的稳定，反而加剧了双方的矛盾和冲突。在屡屡发生争执后，妻子因为忍受不了他的猜疑而提出离婚。

要知道，维护一段健康的亲密关系，关键是相互信任、相互尊重。如果猜疑心理出现，个体应当学会自我反思，识别出自己的不合理念头，通过转念与消除，避免让猜疑心理控制自己。

"猜疑效应"从来都不是不可克服的。通过心理学视角，我们可以深入理解并采取积极措施加以应对。只有在双方间建立坚实的信任基础，亲密关系才能健康发展，才能避免因猜疑而走向关系破裂。

1. 适当进行透明行动

夫妻间的相互信任被视为婚姻的基石。一旦信任受损,即使关系表面上看似亲密,实际上却可能充满了隔阂与疏远。为了维护一段健康的婚姻关系,夫妻双方可本着愿意为对方着想的态度来适当进行透明行动。透明行动是一种积极的沟通方式,通过开放和诚实的分享可减少与对方的误解和猜疑,增强信任。

在一段关系中,若一方能清楚了解另一方的日程安排、社交活动和个人想法,这种透明度可显著降低不安全感和不必要的猜疑。例如,一方可以主动向另一方分享自己的日常计划,其中不仅仅是告诉对方你将要去哪里,还要包括为什么去、和谁去以及预计何时回来。

当然,这种分享是双向的,双方都应该在感到舒适的前提下来提出自己的计划,并且愿意倾听对方的安排。

此外,透明度还涉及在关系中保持一定的开放性。比如在遇到可能引起误解的情况时,及时沟通并解释情况,这样可以避免误会的产生。透明行动还包括在关系中保持一定的财务透明度，比如共同讨论和规划家庭预算，减少因金钱问题引起的不必要猜疑。

透明行动虽好，但也有一些注意事项，如前述的适度、双向、彼此舒适等。与此同时还应注意以下几点。

①**尊重隐私**。透明并不意味着完全没有隐私。每个人都有权保留自己的私人空间和秘密，透明行动应建立在双方感到舒适和尊重的基础上。尤其是处理敏感信息时，需要格外小心。确保分享不会引起担忧或不适，双方要有足够心理准备和理解。

②**避免控制**。透明行动不应成为控制对方的手段。信任建立在自由和自愿的基础上，而不是强加的监控或限制。

③**诚实与真实**。不应为了透明而提供误导性信息或半真半假的答案。

④**沟通方式**。沟通方式应考虑到对方的感受。信息的传递应

温和、充满尊重，避免在不适当的时机或方式下进行透明行动。

⑤**适应性**。透明行动应根据关系的发展阶段和双方的舒适度进行调整。随着关系的深化，双方可能需要重新评估和调整透明度的程度。

⑥**解决冲突**。透明行动可能会揭示出关系中的问题或分歧。在这种情况下，重要的是以建设性的方式解决冲突，而不是回避或忽视问题。

说到底，透明行动的目的是让你与伴侣建立起坚实的信任基础。古人言："信者，行之基也。"信任是维系人际关系，尤其是夫妻关系的基石。增强信任，可减少不必要的猜疑，从而促进婚姻关系的和谐与稳定。

2. 建立并维护个人边界

个人边界在亲密关系中是维护个体独立性和相互尊重的关键要素。它定义了一个人在情感、身体和心理上感到舒适的界限，并且明确了哪些行为是可以被接受的，哪些则不可。

个人边界的建立有助于保护个体不受侵犯，同时也能促进夫妻之间的相互理解和尊重。

在亲密关系中，尊重对方的个人边界意味着认识到每个人除了作为伴侣的角色外，还有自己的个性、兴趣和需求。这意味着即使在最紧密的关系中，也要给予对方空间去追求个人成长和发展，以及处理个人事务的自由。

以著名科学家钱学森与其妻子蒋英的婚姻为例，他们的关系建立在深厚的信任和相互尊重之上。钱学森在从事国防科研工作时，由于工作的保密性，经常需要独自面对巨大的压力。蒋英始终信任并支持他的工作，从未对他的行踪和决策产生过无端的猜疑。这种基于信任的相互扶持，是他们婚姻长久和谐的重要原因。

个人边界也包括了情感中的界限，比如在一方需要独处或处理个人问题时另一方给予理解和支持，而不是过度干涉或施加压力。此外，个人边界还涉及沟通中的界限，比如在表达不同意见或意见冲突时，能够以尊重和建设性的方式进行处理，而不是通过批评或指责来越过对方的界限。

在建立、维护个人边界的同时，也需要与伴侣共同商讨和设定这些界限，确保双方都清楚并同意这些规则，这样才能在相互尊重的基础上建立起健康和平衡的亲密关系。

"长相知，不相疑；不相疑，才不相离。"建立并维护个人边界不但不会成为亲密关系的障碍，反而会成为促进双方成长和深化关系的基石。只有彼此明确边界，不逾界，才能消除无端猜疑，共同面对生活中的挑战，享受婚姻带来的幸福和满足。

3. 坦诚沟通，增强安全感

安全感建设是亲密关系中不可或缺的一部分。

建立安全感的过程，双方都需要投入其中，通过一系列举措来增强彼此间的信任和依赖，比如，以开放诚实的沟通，来让双方都能够表达自己的感受、需求和期望，而不必担心被评判或拒绝。

作家东西的小说《回响》中，结婚十一年的冉咚咚和慕达夫面临了感情的考验。冉咚咚在强大的工作压力下变得多疑，极度没有安全感，当她发现丈夫的酒店开房记录后，猜疑心理迅速蔓延。她以审问的方式对待慕达夫，不断要求他证明对自己的爱。尽管慕达夫面对诱惑时坚守道德底线，没有做出对不起妻子的事，但冉咚咚一再的猜疑与执念几乎将两人的关系推向崩溃的边缘。幸好，在一次深入交谈中，慕达夫的话唤醒了冉咚咚的自我反思，她意识到感情的复杂性和人性的多面性，两人重归于好。

可以说，是这次坦诚沟通挽救了两人的婚姻，成为关系修复的转折点。

在婚姻的旅途中，不安全感的出现是很平常的，但放大不安全感，甚至过度猜疑和不信任却是危险的，它们会逐渐侵蚀夫妻之间的情感基础。

如何增强安全感？我们想提供给你几个策略。

首先，可以共同规划未来。无论是计划一次旅行、讨论家庭目标还是设定职业发展计划，共同制订规划都能够加深双方的联系，并增强双方对未来的信心。此外，在日常生活中，通过小事表达爱意和关怀，如记住对方的重要日子，在对方需要时提供支持，或是简单的日常问候，都能够让对方感受到被爱和被重视。

其次，安全感还涉及对伴侣的忠诚和承诺，这意味着在亲密关系中保持诚信，遵守双方设定的规则和约定。安全感的建立还需要时间和耐心，它不是一蹴而就的，而是随着时间的推移，通过持续的努力和相互的理解逐渐建立起来的。当人们能够在亲密关系中感到安全时，他们才更有可能开放自己的内心，坦诚沟通、相互理解，分享个人的想法和梦想，从而促进与伴侣更深层次的连接和更紧密的团结。正如罗素在《论婚姻与道德》中所指出的，婚姻中的快乐和实现社会目标的爱，不是浪漫化的，而是一种更深层次、更为现实的情感。

因此，安全感建设不仅是亲密关系中的一个重要组成部分，也是推动关系向前发展和深化的关键动力。

俗语说：十年修得同船渡，百年修得共枕眠。这句话不仅强调了夫妻关系的珍贵，更指出了维持婚姻关系需要努力和智慧。婚姻除了是爱情的结合，更是一种责任和承诺，我们应该时刻警惕猜疑心理对婚姻的破坏作用，学会客观地看待事实，避免先入为主的观念。通过"适当进行透明行动""建立并维护个人边界""坦诚沟通，增强安全感"等策略，增进对彼此的了解，培养出更稳固的关系。

婚姻是一场修行，需双方共同努力、用心经营，方可收获幸福的果实。

3.3 踢猫效应
懂得提供情绪价值，关系更圆满

美国心理学家加利·斯梅尔（Gary Smile）曾进行过这样一项实验：他将一个面带笑容的人与一个愁眉苦脸的人置于同一空间，并细致观察他们的情绪变化。令人惊讶的是，不到半小时，那个原本笑容满面的人也开始显露出闷闷不乐的神情。

之后，斯梅尔也做过一系列相似的实验，结果大同小异。他发现，实验均指向同一个结论：**消极情绪能在短短二十分钟内传染给他人。**这种现象在心理学界被称为"情绪传染"，有时也被形象地描述为"踢猫效应"。

在婚姻关系中，这种效应尤为显著，它能够迅速侵蚀夫妻之间的情感联系，导致关系的紧张和疏远。

约翰·格雷（John Gray）在其著作《男人来自火星，女人来自金星》中强调了情绪管理在婚姻中的重要性。他指出，当夫妻间的沟通被负面情绪所笼罩时，婚姻中的"情绪垃圾"便开始形成。这些未经解决的负面情绪会逐渐积累，成为侵蚀婚姻幸福的潜在隐患。

学员怡婷和丈夫的沟通模式就是典型案例。两人同单位不同部门，但常常不给对方面子，就算是在大庭广众下，两人的交流也总是充满负面情绪，缺乏对对方正面的情感支持。正是长期处于消极的沟通模式下，两人最终导致感情破裂，婚姻解体。

情绪的交换质量是否会直接决定婚姻幸福的程度？会的。**那些能够维持长久浪漫关系的夫妇，通常都擅长接纳并给予对方深层次的"情绪价值"**。在婚姻里，有效的情感交流和正向的情感支持是维持幸福的关键。故此，夫妻双方若想避免"踢猫效应"对婚姻的破坏，都需要学会更好地为对方提供情绪价值。一般情况下，可以采取以下三个策略。

1. 培养情绪洞察意识

在婚姻关系中，培养情绪洞察意识是避免"踢猫效应"和提升情感交流质量的关键。

情绪洞察意识是指个体对自己和他人情绪的认知、理解和管理能力。具备强情绪洞察意识的人，能够更好地识别和表达自己的情绪，同时也能更有效地理解和响应伴侣的情绪需求。

以陈浩和樊婷婷为例，他们夫妻二人工作繁忙，却都非常注重情绪管理和夫妻沟通。因工作关系，陈浩时常会因为压力大而情绪低落。刚开始时，他会把情绪带回家，脸上直接挂着"不高兴""疲惫""不想讲话"，他一而再，再而三的消极状态导致了与樊婷婷发生不必要的争执。但自从樊婷婷学习了心理咨询师线上课程，学会引导他增强情绪洞察意识后，两人的关系便有了显著改变。

婷婷与陈浩商量后，决定一起实施"情绪检查"制度，即每天下班后，两人会坐在一起花时间讨论各自的情绪状态和当天遇到的情绪挑战。通过这种方式，陈浩能够及时识别自己的情绪并表达出来，而婷婷也能提供支持和理解。

由此可见，"情绪检查"交流模式能减少误解和冲突，增强情感联结。

其次，婷婷还会鼓励陈浩跟自己一起写情绪日记，以此来帮助他更好地理解自己的情绪模式、触发因素。在妻子耐心细致的引导下，陈浩逐渐学会如何在情绪低落时做出表达、寻求支持，而不是无意识地将负面情绪传递给旁人。

如果夫妻双方都能够识别、理解和管理自己的情绪，他们就更有可能进行有效沟通，从而减少负面情绪的传播。

情绪洞察意识的培养，不仅有助于处理个人情绪，还能促进夫妻间情感支持，创造积极、健康的情感交流环境，为婚姻关系注入更多的正能量，从而克服"踢猫效应"带来的负面影响。

2. 非暴力沟通技巧

非暴力沟通技巧是一种有效的沟通方式，它不仅能够促进夫妻双方更加亲密，还能够减少误解和冲突，提升婚姻整体幸福感。

通过学习和实践非暴力沟通技巧，夫妻双方能更好地表达自己的需求和感受，更好地为对方提供情绪价值，减少负面情绪的传递。

著名演员陈道明和妻子杜宪的婚姻长久以来被视为娱乐圈中的典范。陈道明和杜宪都非常注重沟通的艺术。他们认为，作为公众人物，工作压力和外界期望都有可能会对个人情绪产生影响，因此夫妻俩的解决方案是采取非暴力沟通策略来积极维护关系。

在他们的日常生活中，无论多忙，陈道明和杜宪都会抽出时间进行深入交流。他们会分享自己的工作、快乐、挑战等，且倾听对方的感受。当出现分歧时，他们会使用"我感觉……"来表达感受，避免指责与攻击对方，减少双方间的误解。

通过陈杜夫妻的案例，我们可以知道：**采用非暴力沟通的原则，就是关注彼此需求而非争论对错，这样做，能及时解决冲突，避免负面情绪积累。**

在婚姻关系中，为了避免负面情绪的传递和"踢猫效应"的破坏，夫妻双方可以通过非暴力沟通技巧来更好地为对方提供情绪价值。切忌在情绪激动时进行交流。

同时，也可在沟通中穿插对伴侣的感激之情，即使是在表达不满或需求时，也要记得肯定对方的优点和所做的努力。

非暴力沟通技巧需要持续练习和改进，方能使之成为自然、有效的沟通方式。

3. 情感支持

情感支持在婚姻关系中扮演着至关重要的角色，它有助于夫妻双方在面对压力和挑战时感受到彼此的存在和关怀，从而增强婚姻稳定性、幸福感。

情感支持能够满足个体的情感需求，促进心理健康，减少焦虑和抑郁的情绪。 在实际生活中，情感支持可以通过多种方式体现。比如，当伴侣在工作中遇到挫折时，你不是简单地提供解决方案，而是先表达共情和理解，让对方感受到你的关心。表达方式可以是认真倾听对方的烦恼，或是认可对方的感受，然后通过一个拥抱或几句鼓励的话语来传递自己的心意。

在对方需要时，提供实际的帮助，比如分担家务或协助处理一些事务，也是情感支持的一种形式。

李建华和王丽是一对结婚五年的夫妻。李建华最近在工作中遇到瓶颈，非常沮丧。王丽注意到丈夫的情绪变化，她没有直接给丈夫提建议，而是选择了一个晚上，当孩子们都入睡后，邀请李建华一起散步。

在路上，她询问他的近况，并专注倾听他的烦恼，及时表达了自己的理解和支持。王丽的反应让李建华感到非常温暖，他觉得自己不是在孤军奋战，有了妻子的支持，他表示，会更有信心面对工作的挑战。

情感支持还能体现在日常生活中的小事上。比如，当伴侣生病时，你为其准备一杯热茶、通过言语关注其身体状况；或是在伴侣忙碌一天后，为其准备一顿美味的晚餐。这些行为虽小，却能让对方感受到被爱和被尊重。

此外，情感支持还意味着在对方面临重要决策时给予鼓励和信任。比如，当一方想要转换职业道路或追求一个梦想时，即使可能伴随着风险和不确定性，作为伴侣，另一方也要即时表达出对他们决定的支持和信任，这能极大增强对方自信与决心。

情感支持是夫妻双方共同营造积极、健康婚姻关系的关键。这种支持不仅能够避免"踢猫效应"对婚姻的破坏，还能够促进双方情感联结，在对方需要时提供坚实的后盾，使婚姻更加牢固和幸福。

通过"培养情绪洞察意识"、"运用非暴力沟通技巧"以及"提供情感支持"等策略，夫妻双方可以有效避免"踢猫效应"对婚姻的破坏，促进婚姻关系和谐。这些策略的落地应用，不仅有助于夫妻解决当前的情绪问题，还能为双方提供坚实的婚姻基础。

3.4 习得性无助

无法选择出身，但你可以选择自己的人生

在综艺《奇葩说》的舞台上，某辩手的一番话触动了无数观众的心弦。他谈到了自己难以完全信任他人，即使是最亲近的人，也无法让他全部敞开心扉。在他的童年记忆中，家庭不是温暖的避风港，而是一个充满紧张和对立的战场。他的父亲情绪不稳定，常因小事对他动粗，使他长期生活在恐惧之中。

该辩手回忆："爸爸说过，我是他最重要的人，但我没有看出来。"这样的话语，充满了对父爱的渴望和对现实失望的矛盾。童年的阴影，让他变得胆怯和自卑，甚至对自己产生了厌恶感。尽管他现在取得了诸多成就，但那些荣誉和认可似乎都无法弥补原生家庭带给他的创伤和挫败感。

心理学中的"习得性无助"概念，是由心理学家马丁·塞利格曼（Martin Seligman）提出的，它描述了个体在经历一系列无法控制的负面事件后，可能会在情感、认知、行为方面产生消极心理的状态。这种状态会导致个体感到无助和抑郁，甚至在面对可以控制的情境时，也会放弃努力。

原生家庭的阴影，对许多人来说，是一种深刻的、长久的伤痛。它的余波会在其成年后的生活中不断显现，仿佛童年的不幸经历在不断重演。然而，心理学也告诉我们，尽管我们无法选择出身，但我们可以选择对待人生的态度。

通过积极的心理干预和个人努力，我们可以学会面对、超越原生家庭的不幸，重塑自己的人生轨迹。希望以下的三个方法，可以帮助你走出原生家庭的阴影，找回自信和力量，让你的生活不再受过去的不幸所限制。

1. 认知重构

在个体处于习得性无助的状态下，可能对自身能力产生怀疑，对未来持悲观态度。认知重构是一种有效的方法，它通过改变人们对挫折的认知方式，帮助其打破无助感的枷锁，重拾对生活的控制感。

单启明在单亲家庭中长大，童年时经历了贫困和被忽视，这使他在成长过程中形成了一种根深蒂固的信念：无论他如何努力，都无法改变自己的命运。成年后，即使他有了稳定的工作，这种无助感仍然影响着他的生活和工作。

为了克服这种无助感，单启明开始接受认知行为疗法，学习认知重构的技巧。首先，他学会了识别自己的消极思维模式，比如，时时警惕不自觉就会出现的"我做不到"或"我总是失败"的念头，一旦出现，就用更加积极和现实的思维来替代它们。开始的时候，他很难做到，但在治疗师的指导下，他敢于直面这些消极认知，并逐渐获得成功。例如，当单启越明面临一个新的工作项目，脑内出现自己会失败的念头时，他立即告诉自己："打住。我过去成功过，这次当然也可以。"他开始设定小目标，庆祝每一步的成功，即使只是很小的进步。很快，他就建立起了成功的体验，自信和自我效能感也随之增强。

通过识别和挑战消极思维，个体可以逐步建立起更加积极和现实的认知方式，从而克服无助感，增强对生活的控制感。这一方法的实践不仅适用于个体在童年创伤上的恢复，也适用于希望改变消极思维模式、获得亲密关系的夫妻。

认知重构是一个有力的工具，能帮助你打破无助的循环，找回自信和力量。通过重构，你能更加积极地面对生活的难题，实现自我成长，最终，有效应对"习得性无助"带来的挑战。

2. 小步骤目标设定

小步骤目标设定是一种有效的心理干预手段，它通过设定一系列小而具体的目标，帮助个体逐步克服无助感，重拾自信和控制感。

孙小梅在童年时期经历了父母离异、家庭破裂，后来父母又各自成家，有了孩子，孙小梅无论待在哪个家都像是多余的。她从小就很渴望能像弟弟妹妹那样，得到爸爸妈妈的爱和温暖，但是父母对她一直很疏远，这给她的成长带来了深远影响。她经常感到自己无法控制生活中的事情，这种无助感在她成年后的人际交往、职业发展中不断显现。

为了克服这种感觉，小梅开始寻求专业的心理咨询，以识别和处理她的童年创伤。

在心理咨询师的指导下，她尝试设定简单的日常目标，比如每天进行三十分钟的自我反思写作，每周与一个新朋友进行社交互动等。这些小目标的实现为她提供了积极反馈，她的内心逐渐地建立起自信。

随着时间的推移，小梅开始设定更为复杂的目标，比如写完一部短篇小说，或者在公共场合发表演讲。她学会了大胆地表达，与身边的好朋友一起庆祝每一个小成就，并用这些成就来激励自己继续前进。之后，她也与男朋友共享成功的喜悦，在爱她的男朋友及其家庭的关怀照顾下，小梅不仅克服了童年创伤带来的无助感，还在个人成长、职业发展上取得了显著进步。她与男朋友也甜蜜地步入了婚姻，有了自己的孩子，她的生活不再是无助与难过，而是充满了安全感和归属感。

通过小步骤目标设定，个体可以逐步从无助感中解脱出来，建立起更加积极和主动的人生态度。这种方法不仅适用于童年创伤的恢复，也适用于任何希望克服习得性无助的个体，帮助他们找回对生活的控制和乐观面对未来的能力。

3. 社会支持网络构建

在对抗习得性无助的斗争中，社会支持网络的构建是一股不可小觑的力量。社会支持不仅能够提供情感上的慰藉，还能够在实际行动中给个体以力量。通过识别和依靠身边的支持者，个体能够感受到社会的连接和归属感，这一做法对克服无助感至关重要。

茉莉是一位在都市中奋斗的职场女性，她曾因工作压力和个人生活的挑战感到极度无助。在最困难的时期，她时常感到孤立无援，仿佛自己被困在一个无法逃脱的循环中。为了改变这种状况，茉莉开始积极构建自己的社会支持网络。

首先，她识别出了几个关键的支持者，包括她的姐姐、大学时的密友以及一位值得信赖的网友。她开始与这些支持者建立定期的沟通，既分享自己的快乐时刻，也不避讳遇到的难题。甚至，在遇上挑战时会寻求他们的建议和帮助。

其次，茉莉加入了一个由前同事组成的职业发展小组。这个小组定期聚会，专门分享职场经验与个人成长的心得。在小组中，茉莉不仅得到了职业指导，还感受到了团队的支持和鼓励。她开始意识到，自己并不孤单，有许多人愿意向她伸出援手。此外，茉莉也努力成为一个给予者。她利用自己的专业知识，为小组中的其他成员提供职业指导，这种互助互惠的过程让她感受到了成就感和自我价值。

通过这些行动，茉莉的社会支持网络逐渐强大起来。她不再是一个在无助中挣扎的个体，而是成了一个有着坚实后盾的战士。社会支持的力量帮助她重拾了对生活的控制感，也为她提供了面向挑战的勇气。

个体如果依靠社会支持网络中的力量取得成功，那么，这种支持就不仅仅只是在帮助个体渡过难关，还能提升个体的心理韧性与对生活的满意度。每个人都可以通过社会支持网络的构建，有效应对"习得性无助"带来的难题，找回对生活的热爱和信心。最终，克服无助感、实现自我成长。

原生家庭对个体情感与心理的影响，是很深远的，但我们可以通过"认知重构""小步骤目标设定"和"社会支持网络构建"，来面对和超越不幸，重塑人生轨迹。**这些方法的实践，不仅仅是为了应对"习得性无助"，更是促进个体的整体福祉与长期发展。它们能帮助你建立健康、积极的生活态度，让你在遇到挑战时，以坚韧和乐观的心态去应对**。愿每个人都能够从"习得性无助"的阴影中走出来，勇敢生活，拥抱属于自己的光明未来，活出丰富又精彩的人生。

3.5 冒充者综合征
无条件爱己，是生活最好的解药

年少时，我们或许都曾沐浴在周围人的赞扬之中。然而，长大后，当他人在称赞你时，你可能只会默默地对自己说："我只是运气好"，或者谦虚地回答："其实我并没有大家想象得那么出色"。

这种自我评价的转变，实际上是"冒充者综合征"的体现。"冒充者综合征"这种心理现象是指个体对自己的能力和成就持怀疑态度，即使面对外界的肯定和赞扬，内心依然感到不安全和不配。这种倾向源于对自我能力的否定以及对失败的过度恐惧。患有"冒充者综合征"的人往往会将自己的成功归因于运气、时机或其他外部因素，而忽视了自身的真实努力和才能。

心理学家保琳·克兰斯（Pauline Clance）和苏珊娜·伊姆斯（Suzanne Imes）在研究中发现，"冒充者综合征"患者通常会有持续的自我批评和怀疑，这种内在的负面对话会对个体的心理健康造成严重影响。长期的自我贬低不但不能促进成长，反而会使个体陷入自我怀疑的漩涡中，难以自拔。

为了摆脱"冒充者综合征"的束缚，我们需要学会接纳自己，认识到自己的价值和能力。这不仅是一种自我认知的转变，更是一种生活态度的调整。

我们将分享以下三个方法，帮助你克服"冒充者综合征"，培养积极的自我形象，让你学会以正面的眼光看待自己，承认并认同自己的价值与能力，让你的生活不再受到自我怀疑的限制。

1. 自我肯定练习

"冒充者综合征"患者常常会陷入自我怀疑，感到自己不配拥有所取得的成就，而"自我肯定练习"就是一种可以有效应对的心理策略，它通过积极的自我对话来对抗消极情绪，帮助你建立自信并克服"冒充者综合征"所带来的不安。

何画姗在一家知名企业担任市场分析师，尽管她的工作表现出色，但她经常感到不安，担心自己的成功只是侥幸。她的内心总是充满自我质疑："我真的有能力吗？""他们很快就会发现我其实不够好。"

每天带着这些感受上班，画姗越来越疲惫与痛苦，她求助于心理咨询师。专家告诉她，可以做自我肯定练习。画姗照做了，每天早晨上班前站在镜子前面，对着镜子里的自己说："我有能力完成这项工作，我值得在这里。"并且，她还听从专家的建议，在办公室的桌子上放置了一张写满积极肯定性句子的便签，以便在工作压力大时提醒自己。

之后，每当负面思维出现，画姗就拿出事先准备好的积极陈述来进行转念，比如，将"我做不到"转变为"我有能力学习并克服这个挑战"。此外，她开始记录自己的成就，无论是完成一个项目还是收到客户的正面反馈，她都会记录下来，并在每个周末进行回顾,以此来提醒自己:"我很有能力和价值。"

四个月后,画姗注意到自己对工作的态度有了显著改变。她不再那么频繁地怀疑自己的能力,能自信接受挑战与赞扬,工作表现得到进一步提升,同事、上司也关注到她的积极变化。

每天做肯定性陈述、挑战负面思维、记录与回顾个人成就,都是专家给出的非常好的策略。如果你如画姗一样,有着对自己的怀疑,那么,自我肯定练习就是一种简单但强有力的工具,它能够帮助你认识到自己的价值和能力,有效应对"冒充者综合征"带来的挑战。使用好这个工具,能让你逐步建立起健康的自尊和自信,实现个人的成长与转变。

2. 成长心态培养

"冒充者综合征"往往伴随着对失败的恐惧和对成就的怀疑,而成长心态的培养是克服这些障碍的关键。"成长心态"由心理学家卡罗尔·德韦克(Carol Dweck)提出,是一种"相信自己的能力可以通过努力来不断改善"的心态。这种心态鼓励个体在面对挑战和失败时保持积极的态度，且将其视为成长和学习的机会。

大强在创立自己的科技公司初期遭遇了多次失败，种种经历让他不由地怀疑起自己的能力。在自我认定是"冒充者"的时候，他的业绩越来越糟糕，公司差点难以为继。后来，他通过培养成长心态，成功扭转了局面。大强说，自己在这个过程中，最大的收获就是学会了将失败视为成功的垫脚石，培养好自己的成长心态，积极面对挑战，不因失败而自我否定。并且，在每一次失败时，他学会了认真分析原因、复盘学习并调整策略。可以说，每一次失败都是一次学习和成长的机会。

在培养成长心态的过程中，大强积极寻求并接受正反馈，从客户与同事的建议中寻找改进空间。随着时间的推移，他的自信和领导力得到了团队的认可，公司上下一心，签下了好几个大客户。

接受并面对失败、积极接受正反馈，让大强转变了自己对失败和挑战的看法，从而增强自信，减少自我怀疑。这些实践，帮助他建立自我提升机制，更加坚定地面对未来。

3. 寻求社会支持，勇敢分享

"冒充者综合征"可能会导致个体感到孤立无援，但社会支持和分享能够为克服这种感觉提供强有力的帮助。通过与他人建立联系、分享个人的经历和感受，个体可以获得情感上的慰藉，减轻自我怀疑，并在团体中找到共鸣和支持。

赵敏是一位在外资企业工作的项目经理，她经常感到自己在工作中像一个"冒充者"。尽管业绩卓越，但她的内心总是充满不安，担心自己的成功只是偶然，担心有一天会被"揭穿"。

赵敏跟好朋友和导师分享了自己的不安感和自我怀疑，通过坦诚对话，她发现原来对方也有过类似的经历。而且，导师告诉她，很多人都有着同样的"冒充者"感受，这让她感到没那么孤单了。

导师和好朋友也在之后的生活中为赵敏提供了很好的支持和鼓励，帮助她认识到自己的价值和成就。

此外，赵敏还加入了一个专业的心理支持团体，这个团体由面临类似问题的职场人士组成。在团体中，她倾听他人经历，同时也分享自己的故事，参与团体讨论，参加丰富多彩的活动……慢慢的，赵敏从他人的反馈中找到了自我成长的空间，自我贬低的次数越来越少。

随着时间的推移，赵敏在团体中找到了力量，能更加自信地面对工作挑战，不再频繁质疑自己了。她欣赏自己，并为自己的进步感到骄傲。

通过分享经历、寻求支持、参与团体，赵敏减轻了不安感，建立了一个支持性的社交网络，这对她的个人成长、职业发展都产生了积极影响。如果你如她一样，会频繁出现自我质疑，内心惶恐不安、无法安宁，那不妨尝试使用"寻求社会支持和分享"的方法来应对。这一方法不仅能为你提供情感的慰藉，还可以借助集体的力量，帮助你克服难题、增强自信，坚定地面对未来，实现自我成长。

"冒充者综合征"是一种普遍的心理现象，许多人在不同程度上都会出现自我怀疑和不安全感。通过"自我肯定练习""成长心态培养"以及"寻求社会支持，勇敢分享"等方法，你一定可以接纳自己，建立自信。"冒充者综合征"并不是不可逾越的障碍，它恰恰是一个成长的机会，让你从失败中学习，从挑战中汲取力量，助力你奔向更加光明与美好的未来。

第四章

人生看淡便是晴天，
坦然接纳每种模样

关 系 的 重 建

4.1 损失厌恶

及时止损，才是成年人的高配

著名作家张爱玲与胡兰成的婚姻，后来因胡兰成的不忠而走向终结。张爱玲在这段感情中投入了极多的情感与精力。面对背叛，她经历了深刻的内心挣扎，最终选择放手。这一决定不仅体现了她的勇气，也展现了她对个人尊严和幸福的坚持。

许多人在感情和家庭生活中面临抉择时，常常受到"损失厌恶心理"的影响。这种心理现象指的是人们对损失的厌恶远超过对同等收益的喜好。

人生漫漫，在长长的旅途中，我们可能一开始遇到的是那些并非真正适合我们的伴侣。面对这样的关系，明智的选择就是像张爱玲一样，当得知胡兰成不忠之后，她立刻挥手告别。张爱玲虽然在感情中经历了深深的痛苦，但她懂得抚慰内心、安放自己，选择以文学作为自我救赎的途径，继续追求个人的艺术成就和精神自由。

在现实生活中，我们面对损失，理性的做法是基于未来可能会出现的结果，而不是一味陷在过去自己的投入中。尤其是在感情里，若你的付出得不到应有的尊重和回应，那就应该重新评估关系的价值。必要的时候，该放手就放手，不要牢牢抓住不肯放弃，同时内心又一直不满。要知道，长期的不满和牺牲，可能会导致人的心理健康受损，这才是得不偿失。

这些道理，许多人都知道，但做不到。因为他们不愿意放弃已经投入的时间、情感、资源，不得不被动又难受地去维持一段已不再幸福的关系。这样的心态在心理学中被称为"沉没成本效应"，即过分重视已经不可回收的投入，却忽略了当前决策的独立性。

如何能避免自己执着于"沉没成本效应"，远离"损失厌恶心理"的操控呢？我们想给你提供以下三个建议。

1. 当断则断

有一个真实的故事，故事里的女孩2017年在曼谷创业时，于一次社交聚会中邂逅了一名男子。他给她留下了难以磨灭的第一印象：热忱、细心，每日贴心接送，会撰写情感充沛的短文，还跟她共同规划未来，营造浪漫氛围。他通过海边骑行、准时送达丰盛的早餐、在公共场合慷慨大方等表现，塑造了一个理想伴侣的形象。

短短两个月，女孩就在情感的驱使下决定与其结为连理。然而，婚后不久，他的真实面目逐渐显露出来：沉迷电子游戏，生活态度懒散。更令人担忧的是，他还背负着沉重的赌博债务。女孩曾为他偿还巨额债务，助他摆脱困境，还将公司管理权交给他。然而，他并未如她期望中那样改过自新，反而是携款潜逃。后来，他返家，声称洗心革面并向妻子道歉，请求谅解。心软的她原谅了丈夫。怎料，在随后的泰国旅行中，他为了保险金将她推下悬崖。万幸最后被人救了，但她的身心遭受了重创。

在这个案例中，我们能看到"沉没成本效应"与"损失厌恶心理"是如何深刻影响一个人的决策的。女孩在情感和经济上投入了巨大成本,这些投入使她难以割舍,即使面对丈夫的种种问题,她最后仍然选择原谅和继续投入。

这个真实的故事带给我们的启示沉重又深刻。如果你不幸陷入"沉没成本效应"和"损失厌恶心理",那么,请务必意识到:**无论未来采取何种行动,已经发生的成本是无法收回的。重要的是基于当前和未来的预期来做出决策,而不是过去的投入。**

其次,当你面对是否继续投入的决定时,不妨尝试从一个客观角度去评估现状。可以问问自己:**如果我是从一个全新的角度来看待这个问题,不考虑之前的投入,我还会做出同样的选择吗?**

"沉没成本效应"和"损失厌恶心理"这两种强大的心理现象,可以很深刻地影响人的决策。所以,我们一定要认真识别心理陷阱,理性评估情况后再做出符合自己长远利益的选择。

**请记住,无论是在财务上还是在个人关系上,最好的投资是那些能够带来积极回报的投资。当一个情况明显只会带来负面结果时，一定要勇敢地"割肉"退出！

2. 设立容忍底线

若伴侣的行为违背家庭福祉，不必过度容忍，尤其是当其行为严重偏离家庭责任和道德标准，如沉溺于赌博等不良嗜好时，更应当采取坚决的态度来保护自己。

刘小敏是一名受人尊敬的医疗专业人士，在经历了一段失败的婚姻后，她毅然选择自我提升、独立生活，疗伤一年后，事业进展可喜。然而，正当一切步入正轨、越来越好之时，前夫因炒股失败欠下巨额债务，企图重新介入她和儿子的生活。

刘小敏没有理会前夫，可是对方一再搞小动作，不断去学校找儿子，跟儿子说"爸爸想回家"，这种言行对孩子造成了极大的心理压力，甚至影响到了学业。为了孩子，刘小敏开始退让，先是允许前夫到家里看望孩子，再是同意了前夫在家中吃晚饭。

就这样，前夫一步一步地达成目的，让外人误以为他们又复合了。后来，债主上门，让刘小敏还款。她才明白过来：自己的忍耐并未带来家庭的和谐，反而加剧了家庭的紧张和孩子的负担。

面对拿着欠条屡屡上门的债主们，刘小敏知道不能再容忍下去。她选择了报警，同时，带着孩子搬回娘家，避开前夫的纠缠。再后来，因为经济纠纷，前夫锒铛入狱。

刘小敏回忆起这段经历，苦不堪言。她说，面对不健康的关系就要采取果断行动，"及时止损"是更为理性的选择。这不仅有助于个人的心理健康，也是为孩子树立正确价值观的重要一步。家长个人的幸福和自我实现，是给予孩子最正面的教育和保障。

所以，**我们每个人都应该设立自己的容忍底线，不要无原则地退让。只有在原则范围内，你的自我成长才是积极进取的，也才能活出更精彩的人生。**

3. 智慧的保障权益

林颖在年轻时嫁给了一位才华横溢却与她性格不合的丈夫，尽管在外界看来，这是一桩门当户对的婚姻，但她很快意识到两人在价值观和生活目标上存在着不可调和的分歧。她很快选择了离婚，并投身于教育事业，成了一位深受家长和学生喜爱的好老师。她也在工作中，找到了一位志同道合的爱人，组建了新的家庭。

在处理离婚手续的过程中，林颖的家人采取了一系列明智的措施来保护她的权益。他们首先确保了她的经济独立，然后收集了有关丈夫不当行为的证据，这些举措在法律上为她赢得了主动权。最终，她以一种保有尊严且明智的方式结束了这段关系，并开启了新的生活篇章。

这个案例提醒我们，当一段关系不能再为我们带来幸福和尊重时，勇敢地放手、智慧地保障权益是自我成长和寻求幸福的第一步。虽然，现实生活中，我们往往因为"损失厌恶心理"难以放弃一段失败的关系，甚至是明知这段关系已经无法给自己带来幸福,还是不愿割舍。但是,一定要时刻提醒自己:**适时放手是一种自我保护,也是你成长发展、终身幸福的新起点。**

林颖后来的生活证明,一个人在结束一段不适合自己的关系后,完全有可能找到自己真正的幸福。面对困境,要有勇气割舍过去,而不是画地为牢、固守原地。

损失厌恶心理会蒙蔽我们的双眼,阻碍我们追求幸福。所以,要学会识别并克服心理障碍,通过提升自我意识来培养情感智慧和加强心理韧性。

每个人都有权利追求幸福,当你能勇敢面对内心的恐惧,放下那些不再服务于我们最高福祉的关系时,你就为自己创造了新的可能性。愿你在每一个选择面前,都能以智慧和勇气为指导,不断前行,塑造独一无二的人生故事。

4.2 吊桥效应

永远不要在感情最浓烈的时候做决定

你会怎么判断自己是否真的爱上了一个人？如果你的回答是："当然是对对方有心动的感觉啊！"那么，我要告诉你，很遗憾，你的心动，很可能只是一场心理骗局。

1974年，心理学家亚瑟·阿伦做了著名的"吊桥实验"。他选取了三个实验地点：一处是一座人在行走时会来回摆动的吊桥，一处是一座只有几米高的石桥，还有一处则是一座宁静的公园。实验结束时，美女助手会给参与者留电话号码，并告知他们，如果想知道实验结果可以拨打这个电话号码。

实验结果表明：在体验吊桥的惊险刺激后，超过一半的参与者主动联系了这位女助手并对她的外貌大加赞赏；而在石桥上进行实验的参与者中，仅有五人选择打电话；至于在宁静公园进行实验的参与者中，只有两个男性参与者接过女助手的来电，但却没有人真正拨打给她。

为什么会这样呢？这就是心理学上的"吊桥效应"在作祟。"吊桥效应"描述的是：当个体在提心吊胆过吊桥等刺激性情境下，心跳加速，如果此时遇到异性，可能会将环境引起的心跳加速误解为是对对方的心动。所以，当我们出现心动的感觉时，一定要考虑自己是否被外界因素所左右，以免在一时冲动之下做出错误的判断。

要知道，只有认清现实、全面了解自己的情况，避免掉"吊桥效应"的干扰，我们才能拥抱真正的幸福。

1. 心境校准练习

"股神"巴菲特一生做过无数次重要的决定，但他在一次采访中肯定地说道："人生最重要的决定是跟什么人结婚。"尽管大家都知道这句话是对的，可事实上，当感情浓烈时，很多人依旧会不可避免地做出错误的选择。

要怎么做才能有效避免陷入"吊桥效应"呢？进行"心境校准练习"是不错的选择。这一实操策略，旨在帮助人们在不同的情绪状态下保持情感的清晰度和准确性。**在心理学中，心境校准涉及个体对自己情绪状态的认识和调节，确保在各种情境下都能准确表达和感知情感。**

电视剧《人世间》中，周蓉对冯化成的感情，源于她对文学的热爱以及对冯化成才情的崇拜，于是她不顾一切、翻山越岭地去找他。但从后来的剧情中可以看出，冯化成只是周蓉精神上的完美爱人，一旦落入现实生活中，冯化成可谓是"百无一用是书生"。最终，周蓉和冯化成走到了离婚这一步。

很多时候，两个人心与心的靠近，完全是受环境因素所影响。如果我们将这种感觉误认为是爱情，就过于草率了。尤其是，当**你处于某些特殊情境下，你更需要冷静下来，让自己站在客观的立场上去审视对方，思考你与对方之间的感情是否受到了"吊桥效应"的影响。

电影《消失的她》中,男主何非本来可以安稳生活,但他却迷恋上了赌博,以至于欠下巨额的债务。这个时候,他遇到了富家女李木子,于是对她展开了激烈的追求。他非常主动,每天都给木子发短信、关心她;还会带她去看画展、看星空、看花海。在得知木子父母双双死于车祸后,他精心策划了一个车祸场景,并在车祸中关心爱护木子。在这样的情境下,李木子陷入了"吊桥效应",点头应允与他结婚。可是最后,这个表面上看起来很爱妻子的丈夫,却亲手结束了妻子的生命。

"心境校准练习"能帮助你在遇见一个看起来很不错的爱人并出现内心情绪波动时,保持冷静的心境,促进更准确的情感交流和更深层次的理解。这种练习不仅有助于你避免因情绪误解而产生的冲突,还能够增强你在面对复杂情绪状态时的适应能力和情感智力。

2. 去心动归因练习

去心动归因是一种心理学策略，旨在帮助个体识别和理解心动感觉的真正来源，避免将由外部刺激引起的生理反应错误地归因于受某个人的吸引。这一策略基于认知心理学中的归因理论，强调了个体对情感体验进行深入分析的重要性。

我们的驴友群中有一对小情侣韦大陆和跳跳，他俩相识于一次刺激的户外活动。在那次活动中他们共同经历了一系列紧张刺激的挑战，让两人非常兴奋。回家后，跳跳就发现自己对韦大陆产生了强烈的心动感觉。跳跳本身是在读的心理学研究生，她意识到这种心动可能部分是由于活动本身引起的生理反应。为了避免错误的归因，跳跳决定采取去心动归因的策略。她花了一些时间让自己冷静下来，完整回顾整场活动，然后认真分析自己对大陆的感觉是从何时何地开始的，以及这种感觉是否随着活动结束而消退。

通过这一过程，跳跳逐渐意识到，她对大陆的感觉确实超出了活动带来的刺激，他们之间可以有更深层次的情感联系。恰好这时，同样对跳跳深有好感的大陆来电话，约她去看电影。于是跳跳决定尝试与大陆进行深入交流，多了解、多接触，探讨一下他们共同的经历和未来的可能性。

无独有偶，欧阳波和林若若也曾经告诉过我们，他俩的相识相遇经历。欧阳波在外企担任项目经理，与林若若在一场华丽的酒会上相遇。酒会热烈愉悦，音乐、灯光和美酒营造出令人兴奋的氛围。欧阳波与若若共舞时，感受到了强烈的心动，他觉得这可能是他长久以来想寻找的那种特别的连接。

欧阳波的姐姐是一位资深的心理咨询师，当天晚上他就咨询姐姐：这种心动会不会是由于酒会热闹氛围所引起的？姐姐说，可以采用"去心动归因"的方法来验证自己的情感真实性。这是对自己也是对若若负责。

于是，在酒会结束后的一个月里，欧阳波都没有与若若深入发展关系，他选择冷静思考并做记录。欧阳波有写日记的习惯，他完整写下了酒会相遇的情形，也写了很多自己对若若的思念和感情。他注意到即使是在平静的日常环境，也依然会频繁想到她，对她的好感并没有因为离开了那晚的激动氛围而减退。他还回忆了他们的对话内容，以及他对她的尊重和欣赏，这些都超越了初次见面的兴奋感。

几个月后，两人因为工作碰巧再次相遇，这回是在一家安静的咖啡馆。没有了酒精和喧嚣的影响，他们进行了深刻的对话，很愉快地分享了彼此的价值观、生活目标和梦想。欧阳波发现，他对若若的感觉依然坚定，并且他们在很多重要的方面都有着共鸣。若若就是他想要寻找的爱人。

把"去心动归因"应用到亲密关系中，它能成为一种重要的自我反思工具，帮助我们避免出现情感判断上的失误，确保我们能基于真实情感建立关系。这种策略鼓励我们在情感体验后进行冷静的分析和反思，从而做出更明智的情感决策，避免陷入"吊桥效应"。

英国女作家简·奥斯汀的小说《理智与情感》中提到："最好的爱情，需要理智去平衡感情。"傅雷先生也曾说："爱情要冷静。"在这个快节奏的时代，我们会被各种急速流动的信息所裹挟，理性思考在其中就显得至关重要。

学会辨别，聆听内心的声音，才能做出最适合自己的选择。

我们理解"吊桥效应"背后的科学原理，并不是要否定心动所带来的感情，而是要能够更理性地分析，知道并确定自己遇到的感情是出于一时冲动还是深思熟虑后的选择。

多一份审慎，是对感情的一种尊重，更是对未来幸福的一种保障。

4.3 麦穗效应

没有完人,但有完美契合的爱人

有这样一个小故事。柏拉图问老师苏格拉底:"什么是爱情?"苏格拉底让他到麦田里去摘一颗最大、最金黄的麦穗来,只能摘一次,并且只能往前走,不可回头。柏拉图按照老师的要求去做了,结果两手空空地回来。

苏格拉底问他:"你为什么没有摘呢?"柏拉图说:"因为只能摘一次,又不可以回头,就算看到了当前最大、最金黄的麦穗,可我不知道前面还有没有更好的,就没有摘。走到前面时,才发现后面的麦穗总不及之前见到的好,原来最好的麦穗已经错过了,所以我一无所获。"

苏格拉底说："这就是爱情。"

人们总是想要完美的爱情，在行走的过程中，未来不可知，过去无法回头，所以始终难以收获完美的爱情。这在心理学上，被称之为"麦穗效应"。

电影《每当变幻时》中，女主阿妙就掉入了"麦穗效应"的陷阱。阿妙长得很漂亮，被很多男生追求。25 岁这年，有两个男生送花给她，她毫不留情地拒绝："我不会喜欢菜市佬。"26 岁，她开始相亲，父亲给她介绍了一个长得一表人才的男生，可当她得知对方是卖饼的，又拒绝了。

一次，她和朋友聊天，朋友说："我知道你的想法，你是想再挑挑。"阿妙回复："有什么问题啊，他又不是我想要的人。"

阿妙的想法没有错，但在这个世界上，没有完美的伴侣，也没有始终甜蜜的婚姻。所谓完美到挑不出一丝毛病的理想伴侣，不过是"麦穗效应"编织出的一场梦。

1. 情感认知重塑

在探讨"麦穗效应"对亲密关系的影响时，我们应该意识到，它并非是无法避免的。

在电视剧《觉醒年代》中，胡适是留美归国的博士、新思想的弄潮儿，妻子江冬秀则是封建思想下的传统女人，踩着裹足的小脚，大字不识。最初，胡适很抗拒这门婚姻，无奈母亲以死相逼，只好妥协成婚。婚后，胡适发现江冬秀能把家里打理得井井有条，而且对他极好。两人的感情逐渐升温，胡适大方地把江冬秀介绍给朋友和学生。他知道妻子因为小脚走得慢，就总是温柔地牵着她，一步步慢慢走。妻子规定晚上十点必须关灯睡觉，他就尽量在白天处理完工作，按时回家。

虽然在一开始，胡适希望能遇见期待中的完美伴侣，但在相处的岁月里，他与江冬秀磨合出了牢固的感情，这个看起来不完美的妻子，成了与自己最契合的爱人。所以，他用一生的柔情呵护着这段婚姻。

胡适与江冬秀的故事,是"情感认知重塑"的最好体现。

"情感认知重塑"这一策略鼓励个体重新审视和解读自己的情感认知,目的是从过去的认知、经验中吸取教训,为当前和未来的关系打下坚实的基础。它基于认知重构和叙事疗法的理论,认为我们对过去事件的解读和叙述方式能够深刻影响我们的情感和行为。

以上述案例来说,胡适与江冬秀在初始的关系中遇到挑战,原因是胡适对江冬秀学历、见识的看法。但是经过实实在在的接触后,胡适的认知有了改变,他通过情感认知重塑,开始与江冬秀好好生活,用心照顾妻子,也感激妻子对家庭尽心尽力的付出。

"情感认知重塑"能使人们从过去的认知中复盘、学习,而不是被它们所限制,这一策略允许个体通过改变对过去的感知来改变关系的现在和未来,为建立更健康、更满意的亲密关系铺平道路。

2. 情感反馈循环优化

电视剧《三十而已》中，王漫妮在职场打拼的过程中遇到过很多男生。一开始，她看不上一穷二白但很爱她的男友姜辰，她以姜辰买不起奢侈品为由分手。分手后又陆续相亲，但都没有遇到合适的人选。直到遇见梁正贤，他非常符合王漫妮的择偶标准，两人顺利牵手。故事的转折发生在与梁正贤相恋七年的正牌女友找到了她。

和梁正贤分手后，王漫妮一直悲伤又失落。姜辰尽心照顾她，但王漫妮不在意，还奚落对方。最后，当王漫妮想跟姜辰复合时，姜辰已事业有成，领证结婚了。

陷在"麦穗效应"里的王漫妮，就是过分关注寻找完美伴侣，而总是忽略姜辰的优点。如果在姜辰来照顾她时，她能优化情感反馈循环，她就可能珍惜和欣赏对方，从而克服"麦穗效应"带来的问题，收获美满的爱情。

情感反馈循环优化是一种心理学策略，它通过积极的反馈来强化伴侣之间的正面行为和交流模式。阿雅和范晨是一对伴侣，他们经常因为一些小事争吵。之后就开始怀疑对方是否是自己的"真命天子"或"真命天女"。阿雅的心理咨询师闺密告诉她,这种心态可能导致他们错过真正重要的情感连接。为了改变这个状况,阿雅和范晨决定采用阿雅的闺密教的方法,更加积极地关注彼此的优点,每当对方做了让自己感到快乐或感激的事情时,就及时表达出来。例如,阿雅注意到范晨每天都会为阳台的植物浇水,她便对这一细心的行为表示赞赏。范晨注意到阿雅在忙碌的工作之余,帮他抢购音乐会门票,他也对她的付出表达感激。在这个方法的有效应用下,两个人逐渐建立了积极的反馈循环,增强夫妻间对彼此优点的认识,克服了"麦穗效应"所带来的不安和不满。

有句话说:"即使拥有再美好的婚姻,他们的一生中也会产生两百次离婚的念头。"不要试图寻找完美的婚姻,你无论跟谁结婚都可能会后悔。

激情渐褪、感情归于平常,是每段婚姻必经的阶段。加上柴米油盐的琐事,夫妻之间很容易滋生矛盾。稍不留神,生活就像过山车，在忽上忽下中失去了平衡。**要想婚姻永葆生机，最重要的是用包容的力量经营"婚姻的天平"。**

这世上，从没有完美的人，只有不断包容、为对方改变的爱人。

3. 情感满足度量表

通过使用情感满足度量表，人们可以更加客观地评估自己的人际关系，避免因追求不存在的完美而忽视已有的幸福。

周洁和陈峰是一对伴侣，他们曾经在这段关系中感到迷茫，不确定是否应该继续在一起。周洁担心自己是因害怕孤独而留下，陈峰则担心自己错过更好的伴侣。

为了解决这种不确定性，我们建议他俩使用情感满足度量表来评估关系。量表包含一系列问题，涉及亲密度、信任、沟通、共同价值和生活满意度等方面。

通过填写情感满足度量表，周洁和陈峰开始意识到在他们这段关系中确实有许多值得珍惜的地方。量表显示：他们在信任和沟通方面的得分很高，但在共同价值和生活满意度方面还有提升空间。这促使两人开始就这些薄弱的领域进行深入的对话和改进，而不是一味地考虑结束关系。

"情感满足度量表"是一种有助于伴侣们评估和增强关系质量的工具。它通过提供一种结构化的方式来反思和讨论关系中的各个方面，帮助人们克服"麦穗效应"带来的挑战。这一策略鼓励人们专注于提升现有关系的质量，而不是不断地寻找下一个更好的选择。

通过这种方式，人们可以更加珍惜和满足于他们目前所拥有的，同时积极努力使其变得更好。情感满足度量表不仅帮助人们认识到已经获得的情感价值，还指导人们该如何通过具体的行动来增强这种价值。

在探索亲密关系的旅途中，避免"麦穗效应"的挑战，就像是在繁星闪烁的夜空中寻找那颗最亮的星。我们往往被遥远的光辉所吸引，却忽略了身边的温暖和光亮。爱情，不是一场无休止的寻觅，而是在相互理解与成长中，发现并珍惜彼此的独特光辉。

愿每一颗在爱情路上寻觅的心，都能学会珍惜，找到属于自己的幸福港湾。在爱的星空下，我们不必再仰望那些遥不可及的星辰，因为我们已经拥有了自己的璀璨星空。

4.4 比较水平

久处不厌的秘密是不比较不计较

"妻子可能会因为丈夫的收入不如他人而感到不满。"

"丈夫可能因为妻子对自己的工作压力不理解而感到失望。"

在现代社会中，人们常常不自觉地将自己的婚姻生活与他人进行比较，然而，这种比较不但不能带来满足感，反而会成为抱怨的源泉，损害亲密关系。

美国社会心理学家约翰·蒂博特（John Tibbot）和哈罗德·凯利（Harold Kelley）在 1959 年提出了"比较水平"概念，它是社会交换理论的一部分。根据这个理论，人们在评估他们的人际关系时会考虑所得的"报偿与代价"的比率,如果所得大于或等于代价,则会产生满意感并维持关系;如果所得小于代价,则可能会产生不满意感或中断关系。这一理论为上述现象提供了心理学视角,即:"比较水平"是个体基于过往经验和社会文化预期形成的对关系满意度的内在标准。

罗兰·米勒(Rowland Miller)在其著作《亲密关系》中进一步阐述了这一概念,他指出:**当伴侣关系中的现实情况低于个体的比较水平时,即使客观上他们的关系是有益的,个体也可能感到不满足。**

频繁的比较和计较,往往会导致关系紧张与双方对立。在现代社会的纷扰中,我们的婚姻生活不应成为一场无声的较量,也不应受制于外界的期望和评价。真正的婚姻公平,在于双方能否在精神层面上实现相互满足、相互支持。

当你放下无休止的比较,转而专注于彼此的内心世界时,你一定会发现:婚姻的美好不在于表面的得失,而在于深层次的理解和尊重。

1. 不要在意他人的目光，只欣赏当下的自己

人们常常在羡慕他人的同时忽视自己的幸福，其实，真正的幸福往往根植于你对当下的专注与欣赏。

著名舞蹈家金星就是一个善于欣赏自我、不会去计较他人目光的人。她在面对个人身份和性别认同挑战时，展现出极大的勇气和决心——她认定的事就一定要做，所以，她通过变性手术达成了心愿。尽管这一决定在当时的社会引发了巨大的争议，但金星坚持自己的选择，并在后来的生活里找到了爱人。她的爱人欣赏且包容她，支持她的任何决定，他们从来没有因为别人异样的目光而放弃自我，反而活得更通透、更自在。

在金星的故事中，我们看到了一个人是如何通过自我欣赏、坚持自由选择来克服社会偏见和压力的。她没有将自己与他人进行比较，也没有因外界评价不好而盲目更改决定。这种自信和自我欣赏的态度，同样对维护婚姻和个人幸福至关重要，我们可以尝试以下策略。

首先，避免无谓的比较。每个人的生活都有其独特性，与他人比较往往只会导致不必要的焦虑和不满。学会欣赏自己的生活，认识到每个人的幸福都是不同的。

其次，培养自我欣赏。学会欣赏自己的选择和生活方式。这种自我欣赏可以带来内在的满足感，减少对外界认可的需求。

最后，坚持自己的选择。在面对重大决策时，如婚姻、职业选择等，坚持自己的选择，即使这些选择可能会受到外界的质疑或不理解。请记住，你的幸福和满足感来自自己的内心，而不是他人的评价。

在现代社会中，我们面临着来自四面八方的压力和期望，这些压力和期望往往会促使我们与他人进行比较。但是，请相信，这种比较很少能给我们带来真正的满足感。真正的幸福和满足往往来自对自我的欣赏。

在婚姻中，我们更应该专注于自己的幸福，而不是过多关注外界的评价。也请记住，每个人的婚姻生活都是独一无二的，幸福不该由他人定义。

2. 不与计较，尊重彼此的独特性

在婚姻生活中，夫妻双方都携带着各自的价值观和习惯，差异不可避免。认识并尊重差异，而不是试图消除它们，这是维系和谐关系的关键。比如，用一个纪念日来庆祝彼此的独特性；用一段散步的时光，来表达对对方个性的喜欢……这些做法，不仅能够增强亲密关系，还能激发个人成长。正如杨绛与钱钟书那样，他们夫妻间的互相欣赏正是亲密关系中不可或缺的一部分。

杨绛在面对丈夫钱钟书的学术追求和个人习惯时，总是展现出极大的包容和智慧。为了能让丈夫专心创作，她在钱钟书写作《围城》时承担了大部分家务，甚至辞退佣人，亲自打理家中事务以节省开支。钱钟书呢，他有早睡早起的习惯，但杨绛习惯晚睡晚起。为了适应妻子的作息，钱钟书会在早晨为杨绛准备早餐，并用托盘送到床前，这个习惯他一直维持到老年。这桩桩件件，都深深体现了他们彼此之间的相互理解、不与计较。

此外，婚姻关系的爱应当建立在相互支持，而非不断比较之上。放下心中那杆秤，不要去计较谁做得多、谁做得少，始终以赞赏的目光看待伴侣，方能营造充满爱与尊重的家庭环境。

真正的幸福，不在于拥有得多，而在于计较得少。

平常生活时，多集中精力在共同愿景，而非个人差异上；保持幽默感和乐观的态度；定期约会，都能让夫妻双方少计较，多付出，保持关系的新鲜感。也只有这样的关系，才能抵御外界的风浪，彼此成为对方最坚实的后盾。

3. 获取精神世界的满足

在婚姻关系中，真正的公平并不是体现在物质贡献的均等上，而是在于双方在精神层面的相互满足和支持。这种精神上的公平，是一种深刻的情感连接和相互理解，它超越了简单的得失比较。

以巴金和他的妻子萧珊为例，巴金在文学创作上投入了大量的时间和精力，而萧珊则在背后默默支持他的事业，承担了家庭的重担。尽管外界可能只看到巴金的文学成就，但巴金本人深知，没有萧珊的支持和牺牲，他的成就将无从谈起。萧珊的付出虽不为人所见，却在两人的精神世界中占据了重要的位置。

他们的故事告诉我们，婚姻中的精神支持和理解是维系关系的重要因素。**在家庭生活中，夫妻双方的付出可能不同，但只要彼此感受到被爱、被尊重，那么这种差异就不再是不公平的体现，而是双方共同创造幸福生活的一部分。**

很多人在感情中的烦恼，往往源于对得失的过度关注，这种关注可能会使我们忽视亲密关系中更深层次的价值和美好。其实，如果你能更多地寻找、珍惜那些简单而真挚的瞬间，会更容易感受到幸福。因为正是这些瞬间，构成了你与爱人独特的爱情故事。所以，在婚姻中，我们更应追求的是一种精神上的满足和公平，而不是物质上的等价交换。

每一段婚姻都是独一无二的，千万不要让社会预设的标准或他人的评价来定义自己的幸福。在婚姻的旅途上，让我们铭记，幸福必须是由自己来感受和珍惜的。远离"比较水平"，以智慧去辨识生活中真正重要的事物，用心呵护亲密关系。最终，你会发现，婚姻中最大的公平，就是彼此心灵深处的满足与相互间无可替代的连接。

4.5 煤气灯效应
千万要远离在感情中精神控制你的人

"你明天这样做，才是最好的。"

"你穿这件衣服太难看了，换一种风格会更漂亮。"

"我这样说，可都是因为太爱你呀。你去换一下吧？"

警惕！这类亲密关系中的言语，看似是在关心你、防止你犯错或受伤，但实际上却是在不断削弱你的自信心，让你开始怀疑自己的能力。**这种现象在心理学上被称为"煤气灯效应"，指的是对受害者施加情感虐待和操控，令被操控的人逐渐丧失自尊，产生自我怀疑，最终无法逃脱。**煤气灯效应并不是单方面影响形成的，而是双方共同"打造"的。其中一方是煤气灯操纵者，负责播种困惑和怀疑；另一方是被操纵者，为了维持关系不惜怀疑自己的认知。

韩国作家赵艺恩的小说集《爱，鸡尾酒与生化危机》中，《邀请》篇的男主就是典型的"煤气灯操纵者"。他总是对女主说："你的额头比较窄，不太适合以前的发型，还是现在的发型要好一点。""你的腰线好像过低了。"

无论是发型、身材还是穿衣风格，男主都会先对女主说一些违心的、夸赞的话，然后再贬低其之前的装扮，他的目的就是想逐步把女主变成自己喜欢的模样。幸好，女主最后清醒过来，果断结束了这场精神控制。

像男主这样，利用精神操控，表现出一副"我都是为你好"的假象，在人际关系中非常常见。一旦让"煤气灯效应"进入亲密关系，就好似给生活喂了一剂慢性毒药，它会以润物细无声的方式，悄悄毁掉你。

1. 迅速识别"煤气灯效应"的迹象

①**否认与误导**。

精神操纵的一个显著特征是操纵者会频繁地否认事实或受害者的记忆,通过提供与事实不符的"替代事实"来误导受害者,使他们对自己的感知和记忆产生怀疑。这种操纵手段旨在破坏受害者的自我认知,使他们陷入自我怀疑的漩涡,逐渐失去自信。

举个例子:明良和湘红是一对夫妻,湘红经常指责明良忘记重要的事情,如纪念日、她的生日等。每当明良提出证据证明自己并未忘记时,湘红会否认这些证据,并坚持说他是在撒谎或故意忘记。这种持续的否认和误导,使得明良开始怀疑自己的记忆,他感到特别困惑和无助。

②**情感操控**。

操纵者善于利用受控者的情感弱点,如依赖、恐惧或爱,来影响其决策和行为。他们可能会威胁受控者，让他们感到内疚或恐惧，从而迫使受控者按照他们的意愿行事。这种情感操控手段使受控者往往难以识别与反抗，甚至可能陷入被操纵的恶性循环，进而对受控者的心理健康造成极大的损害。

举个例子，马刚和刘丽云是一对恋人，马刚经常利用丽云的恐惧心理来操控她。每当丽云想要提出分手时，马刚就会威胁她，说如果她离开他，他将无法生存或会做出极端的行为。这种威胁使丽云感到恐惧和内疚，最终她选择继续和马刚在一起，尽管她知道这段关系对她不利。

③**长期性与隐蔽性**。

精神操纵通常是一个长期且隐蔽的过程。操纵者会不断地在关系中表现出否认、误导和情感操控等行为，受控者则逐渐陷入自我怀疑的漩涡。由于这种操纵手段的隐蔽性，受控者往往难以识别自己正在遭受精神操纵，甚至可能对自己的感受和判断产生怀疑。

举个例子，小李在工作中遇到了一位喜欢操纵别人的同事小张。小张经常在小李面前说一些似是而非的话，让小李对自己的工作能力和价值产生怀疑。同时，小张还会在领导面前故意贬低小李的表现，以为自己赚取更多的资源和机会。由于小张的操纵手段非常隐蔽，小李长时间内都没有意识到自己正在被操控，直到一位资深的同事提醒了她。

2. 实施有效策略，建立防御机制

针对煤气灯效应，我们想给你一些具体的建议，以帮助你更好地应对这种心理操纵。

①**提高自我觉察**。时刻注意自己的情绪和感受，当发现自己频繁自我怀疑、焦虑或不安时，要警惕觉察自己是否正在遭受精神操纵；尝试记录与操纵者的交流内容，以便事后回顾和分析，找出其中的逻辑漏洞和操纵手法。

②**寻求外部支持**。与信任的朋友、家人或专业人士分享自己

的感受和经历，他们可能会提供不同的观点和建议，帮助你更全面地认识问题。如果情况严重，可以考虑寻求专业心理咨询师的帮助，他们具备专业的知识和技能，能够为你提供更具体和有效的支持。

③**建立清晰的边界**。明确自己在关系中的需求和期望，并坚决维护自己的个人空间和权利。当操纵者试图侵犯你的边界时，要勇敢地说"不"，并寻求支持和帮助。

④**保持冷静和理性**。尽量避免与操纵者陷入情绪化的争吵或冲突中，保持冷静和理性，不要轻易被他们的言辞所激怒或影响。在与操纵者交流时，尝试用事实和数据来支持自己的观点，避免陷入无意义的争论中。

⑤**提升自我价值感**。深入了解自己的优点、价值观和能力，坚信自己的价值和能力。尝试培养一些自我提升的习惯，如阅读、学习新技能或参与社交活动等，以增强自己的自信心和自尊心。

⑥**逐步减少与操纵者的接触**。如果可能的话，尽量减少与操纵者的接触和交流，以降低被操纵的风险。如果无法完全避免与操纵者接触，那么尽量保持冷静和理性，不要让他们的言词和行为影响自己的情绪和判断。

面对煤气灯效应时，不要害怕，务必保持警惕和冷静，积极寻求外部支持，建立清晰的边界，并提升自我价值感。以上这些具体的建议，可以助你更好地应对心理操纵者，维护自己的心理健康和人际关系。

3. 不要自怨自艾

《华盛顿邮报》曾刊登过一篇专题文章，深入探讨了"煤气灯效应"这一精神控制现象，在采写过程中，数以百计的受害者接受采访。记者震惊地说，原来我们周围有这么多人正在经历这样的磨难。

所以，煤气灯效应本质上是一种精心设计的心理操纵手段，其目的在于削弱你的自我认知，让你陷入自我怀疑的漩涡。这并不是你的过错，而是操纵者利用你的善良、信任或者依赖心理，以不正当的方式影响你。因此，你不应该为此自责或自我怀疑，这是对你自身价值和能力的严重贬低。

相反，你应该坚信自己的能力和价值——你有足够的智慧和力量去应对这种挑战！

要勇敢地面对操纵者的言行，不要轻易被其左右，保持独立思考和判断。同时，寻求外部支持和帮助也是非常重要的，这能够为你提供更多的信息和支持，让你更加坚定地走出困境。

每个人都可能遇到类似的挑战，关键在于我们如何面对和克服它。要知道，在感情中，一味地取悦别人，只会迷失方向，失去自我。相信自己，保持勇气和决心，你一定能够战胜"煤气灯效应"，重获自由和自信。

唯有做好自己，坚持自己的个性和特点，不去迎合别人的喜好和期望，你方能赢得尊重和喜爱。

健康的亲密关系是相互促进、共同成长，令双方都感到自信满满的。如果一段关系让你怀疑自我和感到窒息，别犹豫，立刻果断终止它。远离操纵者，你才能遇到对的人。

世界很美好，你值得一切美好！